K.B023968

018

팸플릿 018

위성정당 없는
진짜 비례대표제를 위하여

개방명부 비례대표제를
제안한다

하승수 지음

한티재

내가 자유국가의 한 시민으로 태어나 주권자의 한 사람인 이상

나의 발언이 정치에 미치는 영향력이 아무리 미미하다 하더라도

투표할 권한이 있다는 사실 하나만으로도

국가정치에 대해 연구할 의무감을 느끼기에 충분한 것이다.

— 장 자크 루소

차례

다시 선거제도 개혁이다!

지난 몇 년 동안 필자는 선거제도 개혁에 매달려 왔다. 필자뿐만 아니라, 많은 시민사회단체들과 전문가들도 그랬다. 정치권 내부에도 개혁을 하고자 하는 정치인들은 자신의 '정치생명'을 선거제도 개혁에 걸기도 했다.

　그렇게 한 이유는 국회를 바꾸고 정치를 바꾸려면 이 길밖에 없다는 것을 알았기 때문이다. 사실 처음에는 "과연 반 걸음이라도 나아갈 수 있을까?" 하는 의구심이 지배했다. 언론사의 정치부 기자들조차 선거제도에 대해 잘 모르는 것이 현실이었다. 개혁적임을 자처하는 국회의원들조차도 "국민들은 선거제도에 관심 없다"는 냉소적인 반응을 보였다. 그러나 '안 된다'고 생각하면 될 일은 아무것도 없었다. 숱한 사람들의 노력과 말 못 할 우여곡절을 겪은 끝에 2019년 12월 불완전한 '준연동형 비례대표제'로 선거법이 통과됐다.

그러나 어렵게 이룬 선거제도 개혁은 2020년 총선에서 의도 했던 성과를 이루지 못했다. 가슴이 아프지만 실패를 인정할 수 밖에 없다. 참담한 일이다.

그렇지만 포기할 수는 없다. 선거제도가 엉터리인 상태에서, 민주주의를 제대로 한다는 것은 불가능한 일이다. 좋은 선거제 도가 좋은 정치를 보장하는 것은 아니지만, 좋은 선거제도 없이 좋은 정치를 기대할 수 없다.

지금 상태에서 그냥 놔두면, 대한민국의 선거제도는 다시 과 거로 후퇴할 가능성이 높다. 그래서는 정치에 기대할 수 있는 것은 없게 된다. 부동산 불평등, 기후위기, 차별과 같은 심각한 문제들을 해결할 길이 없게 된다. 교육, 인권, 평화, 복지와 같 은 주제들이 정치의 영역에서 제대로 다뤄지기를 기대할 수도 없다. 그래서 선거제도 개혁을 주장해 왔던 사람으로서, 다시 이 책을 내놓는다.

이 책을 쓴 필자는 정치학자도 아니고 정치학을 공부하지도 않았다. 그런 필자가 선거제도를 열심히 찾아보고 조사한 이유 는, 필자가 바라는 사회의 모습이 있기 때문이다. 그 사회는 함께 사는 사회, 공생(共生)의 사회이다.

선거제도 개혁은 그 자체가 목적이라기보다는 함께 사는 사회로 가기 위한 경로인 것이다. 필자가 바라는 공생·공유·공정 사회로 전환하기 위한 밑그림은 2019년에 낸 『배를 돌려라 : 대한민국 대전환』에서 이미 밝혔다. 그리고 비례대표제라는 선거제도가 그런 사회로 가는 데 훨씬 더 나은 제도라는 것이 필자의 신념이다.

그 이유는 간단하다. 1등만 당선되는 선거제도는 승자독식의 정치를 낳고 승자독식의 사회를 만들 가능성이 높다. 여기서 '승자'는 경쟁을 통한 승자가 아니고 기득권에 기반한 승자이다. 말로는 '시민에 의한, 시민을 위한, 시민의 정부'를 얘기하지만, 실제로는 '기득권자에 의한, 기득권자를 위한, 기득권자의 정부'가 되는 것이다.

반면에 정당득표율에 비례하여 의석을 배분하는 비례대표제 선거제도는 승자독식이 아니라 '공생(共生)'의 사회를 만들 가능성이 상대적으로 높다. 다양한 목소리가 공정하게 반영될 수 있기 때문이다. 함께 사는 사회를 희망한다면, 그리고 내 표가 공정하게 계산되기를 바란다면 선거제도를 바꿔야 한다.

물론 필자의 주장만이 정답이라고 주장하는 것은 아니다. 민주주의국가에서 정치제도는 토론과 논쟁을 거치면서 모습을 다듬어 가는 것이다. 토론하고 논쟁하며, 새로운 대안을 모색하고 만들어 가자. 대한민국 시민도 국회다운 국회, 정치다운 정치, 민주주의다운 민주주의를 경험해 봐야 할 것 아닌가?

1

연동형이 아닌
새로운 대안이 필요하다

2020년 총선은 역대급으로 혼란스러운 총선이었다. 위성정당만이 문제가 아니었다. 거대정당의 공천과정이 엉망이었다.

실세가 밀어주면 공천을 받고, 누구의 전화를 받은 사람은 공천을 받았다. 공천이 확정됐다가 뒤집어지는 것은 여당, 야당을 가리지 않았다. 열심히 경선을 준비하고 있다가 갑자기 전략공천을 받은 사람에게 밀린 후보자들은 망연자실했다.

이런 식으로 공천을 받은 사람이 국민을 위해 일을 하겠는가? 아니면 자기를 밀어준 사람(세력)의 눈치를 보며 일을 하겠는가? 거대정당의 공천만 받으면 당선 가능한 선거에서 자신을 당선시켜준 사람은 유권자가 아니라 공천을 받게 해 준 사람이기 때문이다. 그래서 위성정당만이 아니라, 고질적인 공천 문제에 대해서도 대안이 필요한 상황이다.

선거법은 다시 바꾸는 것이 불가피하다. 위성정당을 막고 기득권 정치를 개혁할 수 있는 선거제도의 대안을 다시 찾아야 한다.

개혁의 일차적인 책임은 단독과반수를 훌쩍 넘게 된 민주당에게 있다. 역사의 교훈은, 선거제도 개혁을 해야 할 때 하지 못하면, 승자독식 선거제도의 부메랑을 맞는다는 것이다.

승자독식 선거제도의 부메랑

2004년 총선 직후를 돌아보자. 2004년 총선에서 열린우리당이 300석 중 152석을 얻어 단독과반수를 차지했다. 그때는 국회선진화법이 없었다. 그러니까 과반수면 법률을 통과시킬 수 있었다. 그런데 열린우리당은 선거제도 개혁 같은 정치개혁 과제에 대해서는 손도 대지 못했다. 2004년에 4대 개혁입법('국가보안법 폐지', '과거사 진상 규명법', '사립학교법', '언론개혁법')을 추진하다가 좌절했을 뿐이다.

이후 2005년 4월 재보궐선거에서 패배하면서 열린우리당은 단독과반수를 상실했다. 2005년 7월 고 노무현 전 대통령이 선거제도 개혁을 전제로 한 대연정을 한나라당에 제안했으나, 때는 이미 늦었다. 그리고 2008년 총선에서 승자독식 선거제도는 한나라당의 손을 들어줬다. 당시에 한나라당은 37.5%의 정당지지율로도 300석 중 153석을 얻어 단독과반수를 차지했다.

또다른 보수정당인 자유선진당 18석, 친박연대 14석을 합하면 180석을 넘는 의석이었다.

이처럼 1등만 당선되는 승자독식의 지역구 선거제도(다수대표제가 정확한 용어이지만, 한국에서는 소선거구제로도 불린다)는 어디로 튈지 모른다. 다른 나라에서도 마찬가지이다. 다수대표제(소선거구제)를 유지하고 있는 영국의 경우에도 한때는 보수당, 한때는 노동당이 승자독식 선거제도의 이익을 봤다. 그러나 지금은 보수당의 장기집권이 이어지고 있다. 상대적으로 진보적인 노동당은 자신들이 다수일 때 선거제도를 개혁했어야 하지만, 때를 놓쳤다. 고 노무현 전 대통령도 선거제도 개혁을 하지 못한 안타까움을 다음과 같이 표현했다.

정책 개발보다는 다른 정당과 지도자에 대한 증오를 선동하는 것이 훨씬 효율적인 선거운동 방법이 된다. 모든 정당에서 강경파가 발언권을 장악한다. 대화와 타협의 정치가 발붙이기 어렵다. 국회의원을 대폭 물갈이해도 소용이 없다. 이것이 내가 20년 동안 경험한 대한민국 정치의 근본적인 문제였다. … 나는 지금도 여전히 국회의원 선거구제를 바꾸는 것이 권력을 한 번 잡는 것보다 훨씬 큰 정치 발전을 가져온다고 믿는다.

— 노무현, 『운명이다』, 290쪽

한편 그동안 선거제도 개혁에 반대했던 미래통합당은 2016년 이후 승자독식 선거제도의 부메랑을 연거푸 맞고 있다. 자업자득이다. 특히 2020년 총선에서는 수도권 지역구 선거에서의 참패가 결정적이었다. 참패의 원인은 승자독식 선거제도였다.

수도권에서 민주당과 미래통합당의 지역구 득표수 비율은 56.6% : 43.4%였다. 그런데 수도권에서의 지역구 당선자 비율은 민주당 85.1% : 미래통합당 13.2%로 벌어졌다. 근소한 차이로 민주당이 지역구에서 이긴 곳이 많다 보니 나온 결과이다. 1등만 당선되고 2등 이하를 찍은 표는 사표가 되기 때문에 벌어진 현상이다.

사실 2018년 지방선거와 2020년 총선에서 미래통합당은 연거푸 승자독식 선거제도의 부메랑을 맞았다. 2018년 지방선거에서도 서울·경기·인천의 수도권에서 자유한국당은 10%에 못 미치는 시·도의회 의석만 건졌다. 90% 이상 의석은 민주당 몫이었다. 그러나 당시에도 득표율의 차이는 그만큼 크지 않았다. 서울시의회의 경우에 자유한국당은 25.24%의 정당지지를 받았지만, 5.45%의 의석(110석 중 6석)만을 차지했다. 반면에 민주당은 50.92%의 정당지지를 받고 92.73%(110석 중 102석)의 의석을 차지했다. 이것은 지역구에서 승자독식의 방식으로 대부분의 시·도의원을 뽑는 선거제도 때문에 일어난 현상이다. 그런데도 자유한국당은 이런 선거제도를 바꾸려 하기보다는, 선거제도 개혁을 방해하다가 2020년 총선에서 또다시 손해를 봤다.

손해를 보고도, 자신들이 왜 이런 손해를 본 것인지 깨닫지도 못하는 것이 한국 보수기득권 정당의 부끄러운 수준이다.

실패한 준연동형 비례대표제

사실 2020년 총선에 대해서는 많은 기대가 있었다. '준연동형 비례대표제'라는 새로운 선거제도가 도입되었고, 만18세 선거권이 처음으로 실시된 선거였기 때문이다. 그래서 정치에서도 새로운 변화가 일어날 것으로 기대했다.

그러나 미래한국당, 더불어시민당과 같은 위성정당들이 등장했다. 47석의 비례대표 의석조차도 거대양당의 위성정당들이 70% 이상 차지했다. 득표율에 비해 부당하게 적었던 소수정당의 의석은 위성정당으로 인해 늘어나지 않았다.

코로나19라는 재난이 전국을 뒤덮었지만, 코로나 이후의 경제·사회가 어떤 방향으로 나아가야 할지에 대한 진지한 토론은 부족했다. 정책이 실종된 선거라는 점에서는 과거와 다르지 않았다.

21대 국회의 연령대별 구성도 크게 나아지지 않았다. 국회의원 당선자 중 20대, 30대 비율이 20대 국회 때의 1%(3명)에서 4.33%(11명)로 늘어났지만, 국제 비교를 해 보면 여전히 매우 낮은 수치이다. 4%대의 20대, 30대 비율은 2018년 국제의원연맹(IPU)에서 발표한 자료에 따를 때, 150개국 중 140위권에 해당하는 수준이다. 20대, 30대 국회의원 비율이 40%를 넘는 덴마크 같은 국가에 비하면, 떨어져도 한참 떨어지는 수준인 것이다. 여성 당선자 숫자는 57명(지역구 29명, 비례대표 28명)으로 전체 당선자의 19%를 차지했다. 20대 총선 당시의 17%(51명)에 비하면 증가한 것이나, OECD 회원국 여성의원 평균비율 28.8%(2017년)에 비해 턱없이 부족한 수치이다.

이런 결과가 초래된 데에는 여러 가지 원인이 있다. '준연동형'이라는 짝퉁 제도에도 문제가 있었고, 거대양당의 후진적인 정치행태에도 문제가 있었다.

우선 연동형 비례대표제가 반쪽짜리인 준연동형이 되고, 마지막에는 준준연동형으로 전락한 것이 위성정당의 출현에 좋은 환경을 만들어 줬다. 게다가 제도에 허점이 있다고 해도, 위성정당을 실제로 창당한다는 것은 세계에 유례가 없는 몰염치

한 행태였다. 거대양당 모두 청년·여성 대표성을 확대한다고 해 놓고, 실제 공천과정에서는 이를 지키지 않았다.

이런 식의 행태를 막으려면, 결국 제도 개혁을 제대로 하는 수밖에 없다. 시민들도 이번에 실시한 준연동형 비례대표제로는 안 된다고 판단하고 있다. 총선 직후인 2020년 4월 17일 YTN이 리얼미터에 의뢰해서 전국 만18세 이상 유권자 500명을 대상으로 조사한 바에 따르면, 응답자의 44.7%가 '제도를 유지하되 문제점을 개선해야 한다'고 답했고, '제도를 폐지해야 한다'는 응답도 42.5%로 집계됐다. 선거법 개정이 불가피하다는 것이 국민여론인 것이다.

정치권에서도 여·야를 불문하고 지금의 선거제도를 유지할 수 없다는 데는 의견이 일치하고 있다. 그렇다면 선택지는 두 가지이다. 하나는 승자독식의 선거제도로 돌아가는 것이다. 이 것은 정치의 퇴행을 가져올 것이다. 다른 하나는 제대로 된 비례대표제로 바꾸는 것이다.

두 가지 대안이 있다

제대로 된 비례대표제를 만드는 방법도 두 가지가 있다. 하나는 '준연동형 비례대표제'에서 '준'자를 떼고, 온전한 연동형 비례대표제로 바꾸는 것이다. 독일, 뉴질랜드가 하고 있는 것처럼 진짜 '연동형 비례대표제'를 해 보자는 것이다.

다른 하나는, '연동형'이 아닌 다른 방식의 비례대표제를 도입하는 것이다. 지금과 같은 지역구 선거는 아예 없애고, 비례대표 중심으로 선거를 하는 것이다. 정당명부식 비례대표제라고 불리는 방식이다(뒤에서도 설명하겠지만 독일은 정당명부식 비례대표제가 아니라 혼합형 비례대표제라고 부르는 것이 정확하다).

이렇게 되면 한 사람의 유권자가 지역구 투표 따로 정당 투표 따로 하는 1인 2표제 방식이 필요없다. 투표용지 1장만 있으면 되는 1인 1표제 방식으로 가능하다.

뒤에서 설명하겠지만, 1인 1표 비례대표제를 권역별로 하면 지역대표성도 확보할 수 있다. 그리고 보정補正의석(adjust-ment-seats)이라는 것을 두면, 전국 정당득표율과 의석비율도 거의 완벽하게 맞출 수 있다. 개방형 명부(open list, 이 책에서는 정당이 일단 정한 후보순번을 유권자들이 바꿀 수 있는 '가변형 명부'까지도 포함하는 개념으로 사용한다) 방식을 택하면 유권자들이 정당만 고르는 것이 아니라 후보까지 고를 수 있다. 이런 방식을 택하고 있는 대표적인 나라는 덴마크, 스웨덴 등이다. 그리고 이 방식은 생각보다 간단하다. 복잡한 계산도 필요없다.

이 방식을 뭐라고 부를까 고민되었다. 정확하게 말하자면, 정당명부식-권역별-개방형-보정의석 방식 비례대표제이다. 그러나 그 중에 핵심이라고 할 수 있는 정당명부식의 '명부'와 개방형 명부의 '개방'을 따서 '개방명부 비례대표제'라고 부르기로 한다. 뒤에서도 설명하겠지만, 개방명부형을 할 경우에 한국의 국회의원 선거에서는 현실적으로 전국 단위보다는 권역별 방식을 채택할 수밖에 없고(국회의원 숫자가 300명이어서 전국 단위로 하기는 어려우므로), 보정의석은 권역별의 단점을 보완하기 위한 방식이기 때문이다.

1인 1표 개방명부 비례대표제

그래서 이 책에서는 '연동형 비례대표제'가 아닌 1인 1표 방식의 개방명부 비례대표제를 주장하려고 한다. 그동안 '연동형 비례대표제'를 주장해 왔던 필자의 견해를 일부 수정하는 것이다. 그 이유는 온전한 연동형 비례대표제를 도입하기에는 현실적인 어려움이 있기 때문이다. 그것은 바로 국회의원 숫자 문제이다.

온전한 '연동형 비례대표제'를 도입하려면 국회의원 숫자를 지금의 300명에서 최소 360~400명 정도로는 늘려야 한다. 그래야 지역구 253석 외에 비례대표를 100석 이상 확보해서 제대로 된 연동형 방식을 할 수 있다. 사실 제대로 하려면, 국회의원 숫자를 500명으로 늘리고, 지역구 250명, 비례대표 250명을 선출해야 한다. 그런데 문제는 국회의원 숫자를 늘리는 것에 대해 다수의 유권자들이 동의하지 않는다는 것이다.

국회의원 특권을 폐지하는 것을 전제로 숫자를 늘리자고 해도, '특권을 폐지했다가 다시 자기들끼리 부활시키면 어떻게 하느냐'는 의심이 일어난다. 지난 몇 년 동안 아무리 설득해도 이 의심을 해소할 수 없었다. 워낙 국회에 대한 불신이 심하기 때문이다.

그런데 300석으로 국회의석을 고정한 상태에서는 온전한 연동형 비례대표제를 실시할 수가 없다. 지역구 숫자를 253석에서 200석으로 줄이는 것이 유일한 방법인데, 그것은 현실적으로 어렵다. 지역구 의원 숫자가 줄어드는 것은 지역 유권자들도 바라지 않기 때문이다. 또한 연동형을 유지할 경우에는 위성정당의 등장을 완벽하게 막기는 어렵다는 문제가 있다.

그래서 한국의 현실에서는 이제 1인 1표 개방명부 비례대표제를 도입하는 것을 검토해야 한다. 뒤에서도 설명하겠지만, 이것은 몇 가지 큰 장점이 있다. 비례대표제를 제대로 도입할 수 있는 것은 물론이고, 300명의 국회의원 정수를 유지하면서도 도입할 수 있다. 지금의 253명 지역구 국회의원을 권역별 비례대표로 돌리고, 47명의 비례대표를 보정의석으로 하면 된다. '보정의석'은 전국적인 정당득표율과 전체 국회의석 비율을 맞추는 데 사용된다.

그리고 권역별 비례대표제를 하면, 지금처럼 시·군·구 단위로 쪼개서 국회의원을 뽑을 필요가 없다. 이 말은 지금처럼 국회의원이 지방의원이 챙겨야 할 수준의 지역민원을 챙길 필요가 없게 된다는 것이다. 국회의원은 국가 문제에 집중하고, 지역 문제는 지방자치단체장이나 지방의원이 챙기는 역할 구분이 이뤄지는 것이다. 이것은 정치개혁에서 매우 중요한 문제이다. 지금처럼 국회의원이 자기 시간과 에너지의 절반 이상을 지역구 관리에 쏟아붓는 상황에서, 국회가 제 역할을 하기를 기대한다는 것은 허망한 일이다. 그리고 국회가 제 역할을 못하면 직업관료들이 국가운영을 좌지우지하는 일이 벌어진다. 국민이 선출하지도 않은 관료들이 중요한 의사결정을 주도하게 되는 것이다. 이렇게 해서는 민주주의를 할 수가 없다.

또한 개방명부제도를 도입하면 유권자들이 정당만 고르는 것이 아니라, 후보자까지 고를 수 있다. 가령 전라남도 유권자라면 전라남도에서 지지하는 정당을 고르고, 그 정당의 비례대표 후보자 명단을 보고 가장 지지할 만한 후보자까지 고를 수 있는 것이다. 이렇게 되면 국회의원 공천을 둘러싼 문제도 상당 부분 해결할 수 있다. 최종적으로 누가 국회의원이 될지는 유권자들이 정하게 되기 때문이다.

한국 현실에 맞춘 대안이 필요

지금 설명한 방식과 가장 유사한 비례대표제를 택하고 있는 대표적인 국가는 스웨덴, 덴마크이다. 그러나 핵심적인 내용을 공유하고 있는 유럽의 국가들은 더 많다. 권역별 비례대표제를 하면서 독특한 방식으로 전국 단위에서 정당득표율과 의석비율을 맞추는 오스트리아 같은 사례도 있다. 권역별이 아닌 전국 단위 비례대표제를 하면서 개방명부(정확하게는 가변형 명부)를 택하고 있는 네덜란드 같은 나라도 있다. 우리가 가장 부러워하는 복지국가에 드는 나라들이다. 물론 이 나라들이 택하고 있는 구체적인 방식은 그 나라의 역사를 담고 있다. 이 책에서 제안하는 것은 덴마크, 스웨덴의 사례를 주로 참고하되, 한국적 현실에 맞춘 대안이다. 곧바로 적용할 수 있는 수준으로 구체적인 대안이다. 2장에서 자세한 내용을 설명하겠다.

덴마크, 스웨덴의 선거제도

덴마크는 175명의 국회의원(섬 지역에서 선출하는 4명은 별도)을 뽑는다. 그런데 그중에 135명은 전국을 10개 권역으로 나눠서 권역별 비례대표제로 뽑는다. 그리고 40명을 보정의석이라고 해서 남겨 놓는다. 이 40명의 보정의석은 전국 단위 정당득표율과 의석비율을 맞추는 데 사용한다. 가령 10명을 뽑는 권역에서 어떤 정당이 1명이라도 비례대표를 받으려면 10% 이상을 득표해야 한다. 5%를 받은 정당은 그 권역에서 비례대표를 받지 못한다. 이런 문제 때문에 보정의석을 두는 것이다. 그래서 5%를 받은 정당에게는 보정의석으로 전국득표율만큼 의석을 채워주는 것이다. 그렇게 하면 전국에서 5%를 얻은 정당은 175석의 5%에 해당하는 8~9석 정도를 차지하게 된다.

스웨덴의 경우에도 349명의 국회의원 중 310명은 29개 권역에서 권역별 비례대표제로 뽑는다. 그리고 39명은 보정의석으로 남겨뒀다가 전국 정당득표율과 의석비율을 맞추는 데 사용한다.

국회의원 선거만이 문제가 아니다. 2022년에는 대선과 지방선거가 함께 있다. 한국의 지방선거제도는 세계 최악이라고 부를 수 있을 정도로 문제가 많다. 특정 정당이 40%대 지지로 90% 지방의회 의석을 차지하고 있는 것이 현실이다. 지방선거에서 정당공천의 문제는 더 심각하다. 그래서 지방선거제도부터 이 책에서 제안하는 선거제도를 적용할 수 있다. 구체적인 방안은 3장에서 제안할 것이다.

2

1인 1표 개방명부
비례대표제란

결론부터 제시하겠다. 한국의 현실에서 가장 적합하다고 생각하는 국회의원 선거제도를 제안하고자 한다. 이 선거제도는 3장에서 설명할 지방선거제도와도 자연스럽게 연결된다.

제안하고자 하는 선거제도는 1인 1표 개방명부 비례대표제이다. 1인 1표 투표방식이기 때문에, 1인 2표에서 발생할 수 있는 위성정당 같은 것은 원천적으로 불가능하다. 유권자가 정당도 고르고 후보자도 직접 고를 수 있는 개방명부 방식이어서, 유권자의 선택권이 확대된다. 유권자가 '누가 국회의원이 될지를 직접 선택하므로' 공천을 둘러싼 비리, 갈등도 줄어든다. 국회의원 공천에 대한 불신이 크고, 국민들의 직접참여 욕구가 강한 대한민국 현실에서는 충분히 검토해 볼 만한 방식이다.

이 제도를 17개 시·도를 기본권역으로 해서, 권역별로 하자는 것이다(다만 서울,경기는 뒤에서 보는 것처럼 권역을 더 나눌 수 있다). 그러면 현실에 적용하기도 간단하다.

우선 지금의 253명의 지역구 국회의원을 권역별 비례대표로 전환해서 뽑으면 된다. 그리고 47명의 비례대표 의석은, 권역별 선거에서 발생할 수 있는 불비례성(정당득표율과 의석비율 간의 불일치)을 해소하는 용도로 사용하면 된다. 그러면 300명의 국회 의석으로도 제대로 된 비례대표제를 충분히 할 수 있다.

게다가 연동형 방식보다는 훨씬 단순명쾌한 제도이다. 유권자들이 이해하기도 쉽다.

그러면 하나하나 설명해 보겠다. 선거제도에 대해 잘 모르는 사람도 이 책의 내용만 이해하면, 이 제도가 대한민국의 답답한 정치현실을 극복할 수 있는 좋은 대안이라는 것에 공감할 수 있을 것이다.

용어 정리 : 비례대표제와 다수대표제

본격적인 논의에 들어가기 전에 용어부터 정리를 해 보자. 그동안 한국에서는 용어에 혼선이 있었다. 그래서 간단하게 용어부터 정리하고 얘기를 이어나가려고 한다.

우선 선거제도가 과연 무엇인지부터 따져 볼 필요가 있다. 선거제도의 사전적 정의는 "유권자들이 던진 표를 의석으로 전환하는 방식"이다. 흔히 우리는 투표함에 투표용지를 넣을 때에는 1인 1표니까 평등하다고 생각한다. 그러나 그것은 착각이다. 어떤 표는 아무런 효과를 내지 못하고 사표가 된다. 어떤 표는 1표의 가치가 10배 이상으로 뛸 수도 있다.

그래서 선거제도의 핵심은 유권자들의 투표가 끝까지 공평하게 계산되도록 하는 데 있다. 그리고 그것을 보장하는 선거제도가 비례대표제이다. 비례대표제는 정당 중심의 선거제도이고, 정당이 얻은 득표율에 따라 의석을 배분하는 제도이다. 어떤 정당이 30%의 득표를 하면 30%의 의석을 배분하고, 5%의 득표를 하면 5%의 의석을 배분하는 것이다.

그리고 비례대표제의 정반대편에는 다수대표제(Majority System)가 있다. 다수대표제는 지역구 후보에게 투표하고, 그중 1등을 한 후보만 당선되고, 2등 이하를 찍은 표는 무효가 되는 선거제도이다.

전 세계에는 다양한 선거방식이 존재하고, 다양한 변종이 있다. 그러나 선거제도의 양대 축은 비례대표제와 다수대표제로 볼 수 있다. 그리고 그것을 혼합한 혼합형 선거제도가 있다.

OECD 37개 국가의 선거제도를 놓고 보면, 선거제도의 양대 축이 더 분명하게 보인다. 다수대표제 국가가 5개국, 비례대표제 국가가 24개국, 그리고 혼합형 선거제도를 택한 국가가 8개국이다.

[표 1] OECD 국가의 선거제도

구분	다수대표제	비례대표제	혼합제 (지역구 + 비례대표제)	
			연동형	병립형
채택하고 있는 국가 숫자	5개국	24개국	2개국	6개국
대표적인 국가	미국, 영국, 오스트레일 리아, 캐나다, 프랑스	덴마크, 스위스, 오스트리아, 벨기에, 핀란드, 노르웨이, 스웨덴, 네덜란드, 아이슬란드, 아일랜드, 그리스, 칠레, 체코, 에스토니아, 슬로베니아, 슬로바키아, 이스라엘, 라트비아, 에스토니아, 룩셈부르크, 스페인, 포르투갈, 터키, 콜롬비아	독일, 뉴질랜드	이탈리아, 일본, 대한민국 (2016년까지), 멕시코, 헝가리, 리투아니아

* 출처 : 중앙선거관리위원회가 2018년 국회 정치개혁특별위원회에 제출한 자료에서 일부 내용을 업데이트한 것임.

대한민국은 국회가 하나이고, 별도로 상원을 두고 있지 않은데, OECD 국가 대부분은 상원이 있다. [표 1]의 분류는 하원을 기준으로 해서 분류한 것이다.

다수대표제와 비례대표제 중에서 우세한 것은 비례대표제이다. [표 1]에서 보는 것처럼 OECD 국가 중에 3분의 2 정도가 비례대표제를 택하고 있다.

비례대표제는 영어로 "Proportional Representation"이다. 대문자만 따서 "PR"이라고도 부른다. 정당득표율대로 의석이 배분되기 때문에 1표의 가치가 동등하다. '표의 등가성' 또는 비례성(득표와 의석이 비례하므로)이 지켜지는 선거제도이다.

비례대표제와 다수대표제 중에서 먼저 탄생한 것은 다수대표제이다. 다수대표제는 여러 후보들 중에서 1등을 한 사람만 당선되는 승자독식의 제도이기 때문에 간단하기는 하다. 그러나 2등, 3등 후보를 찍은 표는 사실상 무효가 되므로 유권자들의 표심이 제대로 반영되지 않는다. 더 큰 문제는 이런 식의 승자독식의 제도는 승자독식의 정치, 승자독식의 사회를 만든다는 것이다. 승자독식의 선거제도에서는 아무래도 기득권을 가진 쪽이 유리하기 때문이다.

비례대표제는 이러한 승자독식 선거제도에 대한 문제의식에서 나온 것이다. 비례대표제는 정당이 얻은 득표율에 따라 의석을 배분하자는 것이며, 정당명부식 비례대표제라고 볼 수 있다. 정당이 중요하고, 정당이 제출한 후보자 명부를 보고 유권자들이 투표하기 때문이다. 여기에서는 지역구에서 1등을 한 후보자만 당선되는 지역구 선거라는 개념이 원칙적으로 없다.

연동형과 병립형

그런데 독일에서 변종이 생겼다. 2차세계대전 이후에 독일이 선거제도를 새로 정하는 과정에서 '혼합형 비례대표제'가 생긴 것이다. 이것을 한국에서는 '연동형'으로 부르고 있다.

'혼합형 비례대표제(영어로는 Mixed Member Proportional Representation이고, 줄여서 MMP라고 한다)'는 지역구에서 1등을 해야 당선되는 다수대표제와 비례대표제를 결합시킨 것이다. 비례대표제에서는 본래 지역구 선거라는 개념이 없는데, '혼합형'에서는 지역구 선거도 한다. 그리고 그와 별도로 정당을 찍는 비례대표 투표도 한다. 즉 1인 2표로 투표를 하는 것이다.

그렇게 투표를 해서 지역구에서 1등한 사람을 지역구 당선자로 하되, 충분한 비례대표 의석을 통해서 전체 정당득표율과 의석비율을 맞춰 주는 것이다. 가령 전체 국회의석이 300석이고, A당이 30%의 정당 지지를 받았다면 A당에게는 무조건 90석이 배정되는 것이다. A당이 지역구에서 당선자를 70명 배출했다면 모자라는 20명을 비례대표로, 만약 지역구에서 당선자를 50명밖에 배출하지 못했다면 배정된 90석에서 지역구 당선자 50명을 뺀 40명을 비례대표로 채우는 것이 '연동형'이다.

그래서 '혼합형 비례대표제'는 어쨌든 제대로 된 비례대표제이다. 30%의 정당지지를 받으면 30%만큼의 의석을 보장해주기 때문이다.

이런 독일식의 혼합형 비례대표제를 받아들인 국가가 뉴질랜드이다. 뉴질랜드는 1993년 국민투표를 거쳐서 연동형(혼합형) 비례대표제를 채택했다.

그런데 '짝퉁'이 등장했다. 비례대표제가 아닌데, 비례대표 국회의원을 약간 두는 방식의 '짝퉁' 제도가 등장한 것이다. 그것이 '병립형'이라고 불리는 방식이다. 두 가지 선거를 병행하는데, 서로 영향을 미치지 않는다고 해서 영어로 "Parallel Voting"으로 불리기도 한다. 혼합형이긴 한데, 사실상 다수대표제와 같다고 해서 혼합형 다수제(Mixed Member Majoritarian, MMM)라고 불리기도 한다. 지역구 선거와 비례대표 선거를 병행하기는 하지만, 대부분을 지역구에서 뽑고 소수의 비례대표 의석만 정당득표율에 따라 배분하기 때문에 비례대표 의석은 장식품에 불과해지기 쉽다.

대한민국의 시·도의원(광역의원) 선거를 지금도 이 방식으로 하고 있다. 90% 정도의 시·도의원은 지역구에서 선출하고, 10% 정도만 비례대표로 하는 것이다. 그리고 2016년까지는 국회의원 선거에서도 이 방식을 사용했다. 국회의원 300명 중 253명을 다수대표제로 선출하고, 47명의 국회의원만 비례대표라고 해서 정당득표율대로 배분한 것이다. 그러나 겨우 47명의 비례대표 의석만 정당득표율로 배분해 봐야 효과가 별로 없다. 가령 40%의 정당득표를 얻은 정당이 비례대표 19석(47×0.4 = 18.8명인데 반올림)을 얻는데, 30%의 정당득표를 얻은 정당이 비례대표 14석(47×0.3 = 14.1인데 소수점 이하는 버림)을 얻는 것이다. 정당득표율 10% 차이는 엄청난 차이인데 병립형에서는 의석 차이가 겨우 5석밖에 나지 않는 것이다. 만약 정당명부식 비례대표제나 '연동형'이었다면, 300석 국회의석 전체를 놓고 계산한다. 그러면 정당득표율 10%의 차이면, 30석 차이가 나게 된다.

결국 병립형에서 비례대표는 장식품에 지나지 않게 되기 쉽다. 비례대표 국회의원은 있지만, 비례대표제라는 선거제도는 아닌 것이고, 실질적으로는 다수대표제의 일종으로 분류할 수 있는 방식이다.

이 방식에서는 다수대표제와 마찬가지로 사표가 대량으로
발생하고, 각 정당의 득표율과 의석비율이 전혀 일치하지 않
는다. 선거 때마다 이익을 얻는 정당은 다르지만, 표의 가치가
왜곡되는 현상은 늘 일어난다.

병립형이 낳은 널뛰기 선거

병립형의 문제점을 보여주는 대표적인 사례가 대한민국의 시·
도의회(광역의회) 선거이다. 50% 정도의 득표율로 90% 이상의
의석을 차지하는 경우들이 계속 발생하고 있다. 게다가 90% 이
상 의석을 차지하는 정당이 선거 때마다 바뀌기도 한다.

예를 들어 2006년 경기도의회 선거에서 한나라당은 58.9%
의 득표율로 119석 중 115석, 96.7%의 의석을 차지했다. 이것
이 가능한 이유는 도의원의 90%를 지역구에서 뽑는데, 당시에
한나라당이 지역구를 싹쓸이했기 때문이다. 50%대 득표율로
모든 지역구에서 승리하는 것은 충분히 가능하다. 2위 정당이
20~30%대를 득표한다고 한들, 전부 사표가 되기 때문이다.

[표 2] 2006년 경기도의회 선거 결과

정당	득표율	의석 수	의석 비율
한나라당	58.9%	115석 (지역구 108석, 비례 7석)	96.7%
열린우리당	22.3%	2석 (비례 2석)	1.7%
민주당	6.5%	1석 (비례 1석)	0.8%
민주노동당	10.9%	1석 (비례 1석)	0.8%
합 계		119석(지역구 108석, 비례 11석)	

그런데 2010년 이후에는 경기도의회 다수당이 민주당으로 바뀌었다. 2018년의 경우에는 더불어민주당이 49.1%의 득표율로 95.0%의 의석을 차지하는 일까지 발생했다. 이렇게 한 정당이 95%의 의석을 차지하게 되면, 그 정당이 아무리 좋은 정당이라고 하더라도 의회민주주의를 하기는 어렵다.

[표 3] 2018년 경기도의회 선거 결과

정당	득표율	의석 수	의석 비율
더불어민주당	49.1%	135석 (지역구 128석, 비례 7석)	95.0%
자유한국당	23.7%	4석 (지역구 1석, 비례 3석)	2.8%
바른미래당	7.2%	1석 (비례 1석)	0.7%
정의당	7.2%	2석 (비례 2석)	1.4%
합 계		142석 (지역구 129석, 비례 13석)	

　　그리고 표의 등가성은 심각하게 깨어진다. 2018년 경기도의원 선거에서 바른미래당을 지지한 유권자는 7.2%가 있었지만, 의석은 0.7%에 불과하다. 1표의 가치가 10분의 1 이하로 떨어지는 것이다. 이 정도면 표의 등가성이 깨지는 정도(불비례성이라고도 한다)가 세계 최악이라고 할 수 있는 수준이다.

　　이런 선거제도에서 소수의 비례대표 의석은 의미가 없다. 그래서 병립형이 아니라 연동형 비례대표제가 도입되어야 한다는 논의가 일어나게 된 것이다.

왜 한국에서 연동형이 주로 논의됐나?

그러면 여기서 궁금증이 생길 만하다. 비례대표제를 택하고 있는 대다수 국가가 정당명부식 비례대표제를 택하고 있는데, 왜 우리는 연동형 비례대표제를 중심으로 논의하게 됐을까?

일이 이렇게 된 가장 결정적인 이유는 2015년 2월 중앙선거관리위원회가 연동형 비례대표제를 제안했기 때문이다.

그 전까지 한국에서 선거제도 개혁논의는 특정한 방식만을 염두에 둔 것은 아니었다. 정당명부식 비례대표제를 포함해서 여러 대안들이 논의되고 있었다.

그러나 중앙선거관리위원회가 연동형 방식을 제안한 이후에, 학계와 시민사회는 이 방안을 현실적인 대안으로 받아들였다. 한국의 경우에는 이미 지역구 투표와 정당투표를 1장씩 하는 1인 2표 방식이 채택되어 있기 때문에 유권자들이 적응하기에 편하다는 점도 고려됐다.

그래서 2015년부터 2019년까지 이어진 선거제도 개혁논의는 '연동형' 방식을 중심에 두고 이루어졌다.

그러나 결과적으로 개혁은 사실상 실패했다. 국회 논의과정에서 연동형이 준연동형으로 후퇴했다. 마지막에는 47석의 비례대표 의석 전체에 대해 '준연동형'을 적용하는 것이 아니라, 그 중 30석에 대해서만 적용하는 상한선(캡) 조항까지 등장했다. 준연동형이 아니라 '준준연동형'이 된 것이다.

그리고 위성정당까지 등장했다. 준연동형 30석은 소수정당이 가져 가야 할 의석인데, 2020년 4·15 총선에서는 거대양당의 위성정당들이 준연동형 30석 중 23석(더불어시민당이 11석, 미래한국당이 12석)을 차지했다. 이로써 선거제도 개혁의 효과는 사라졌다.

[표 4] 2020년 총선 정당별 비례대표 의석 배분

	준연동형 의석	병립형 의석	비례의석 합계
더불어시민당	11	6	17
미래한국당	12	7	19
정의당	3	2	5
국민의당	2	1	3
열린민주당	2	1	3
합계	30	17	47

1인 2표제에서 위성정당 금지는 어렵다

일이 이렇게 되자 위성정당을 금지하자는 주장들이 나오고 있다. 맞는 얘기이지만, 실현가능성이 낮다.

우선 특정 정당이 위성정당인지 아닌지를 심사해서 걸러내야 한다. 중앙선거관리위원회가 이 역할을 해야 하는데, 말은 쉽지만 실제로는 어렵다. 먼저 정당법에서 어떤 정당이 위성정당인지를 규정하고, 그것을 금지해야 한다. 그래야 중앙선거관리위원회가 그 법조항에 근거해서 심사를 할 수 있다. 그런데 어떤 정당이 위성정당인지를 규정하기가 어렵다.

그리고 이번 미래한국당처럼 노골적인 위성정당은 어떻게 막는다고 하더라도 노골적이지 않게 위성정당을 만드는 것은 막기가 어렵다. 예를 들어 열린민주당처럼 친민주당 성향의 인사들이 자발적으로 만드는 위성정당을 막을 방법은 없다. 더불어시민당처럼 눈에 띄지 않게 물밑에서 기획한 위성정당도 막기가 어렵다. 법에서 위성정당을 금지한다고 해도, 충분히 빠져나갈 방법이 있다는 것이다.

"위성정당을 막기 위해, 비례대표 후보를 내려면 지역구 후보를 반드시 내게 하자"는 주장도 나온다. 그러나 이것은 위헌소지가 있다. 정당이 후보를 내고 안 내고는 스스로의 의지와 판단으로 결정할 문제인데, 출마를 강제하는 셈이 되기 때문이다. 그리고 어차피 떨어질 지역에 위성정당이 지역구 후보를 1명만 내고 비례대표 후보를 내는 '또다른 꼼수'를 쓰면 막을 방법이 없다.

따라서 위성정당을 법으로 금지해서 막을 것이 아니라 아예 위성정당이 등장하지 못할 선거제도를 만드는 것이 중요하다. 그것이 바로 1인 1표제로 투표를 하는 정당명부식 비례대표제이다.

2005년 알바니아 총선에서는 위성정당은 아니지만, 거대양당과 연합한 정당들이 비례대표 의석을 많이 가져 간 사례가 있었다. 거대양당에 지역구 투표를 하되, 비례투표는 거대양당과 연합한 다른 정당에게 투표를 하도록 유도한 것이다. 그 후에 알바니아는 선거제도를 바꿨다. 어떻게 바꿨을까?

바로 1인 1표 정당명부식 비례대표제로 바꿨다. 1인 1표이니 투표용지는 1장이다. 본체정당과 위성정당으로 나눠서 투표를 할 수가 없다. 위성정당은 원천봉쇄되는 것이다. 또한 정당명부식 비례대표제를 권역별로 해서 지역대표성도 확보하고 있다.

권역별 비례대표제를

사실 정당명부식 비례대표제는 그냥 비례대표제로 불러도 된다. 정당이 얻은 득표율대로 의석을 배분하고, 그 의석을 채우는 것은 정당이 낸 명부에 있는 비례대표 후보자들이기 때문이다.

전국을 하나의 단위로 해서 할 수도 있다. 네덜란드, 이스라엘은 그렇게 한다. 전국 정당득표율에 따라 각 정당의 의석을 정하는 것이다. 가령 네덜란드는 국회의원 총 숫자가 150명인데, A당이 10%의 전국득표율을 얻으면 15석의 비례대표 의석을 가져 가는 것이다.

그런데 대한민국은 네덜란드, 이스라엘보다는 인구가 많은 국가이다. 국회의원 숫자도 300명이어서 네덜란드(150석), 이스라엘(120석)보다 많다. 그리고 지역구 선거에 익숙한 유권자들은 자기 지역을 대표할 국회의원들을 원하는 경향이 있다. 그렇다면, 이런 점들을 반영해서 비례대표제를 권역별로 하면 된다. 권역별로 하면 지역주의도 완화될 수 있다. 대구권역, 경북권역에서 민주당 비례대표 후보가 당선될 수 있고, 전북권역에서는 미래통합당 후보가 당선될 수 있다.

지금 253명의 지역구 의원이 있다. 각 시·도별로 아래 [표 5]

에 나온 숫자만큼 뽑는다. 이 숫자를 그대로 해당 권역의 비례대표 의원 숫자로 하면 된다(숫자가 많은 서울, 경기는 뒤에 다시 설명한다).

좀 더 구체적으로 들어가 보자. 지금 광주광역시를 대표하는 국회의원 8명이 있다. 그런데 현재와 같이 시·군·구 단위로 쪼개서 국회의원을 뽑는 것이 아니라 시·도 단위로 뽑는 것이다. 사실 광주를 대표하는 국회의원이 필요하다고 하더라도 굳이 광주 ○○구, ××구로 나눠서 뽑을 이유가 없다. 그냥 광주광역시 전체를 하나의 권역으로 해서 8명을 뽑으면 된다. 그리고 광주에서 중요한 문제가 있는데, 지방자치단체 소관이 아니라 국가 소관의 일이면 지역주민들이 광주지역 국회의원들을 찾아가면 된다.

[표 5] 각 시·도별 국회의원 지역구 숫자

서울	부산	대구	인천	광주	대전	울산	세종	경기
49개	18개	12개	13개	8개	7개	6개	2개	59개
강원	충북	충남	전북	전남	경북	경남	제주	
8개	8개	11개	10개	10개	13개	16개	3개	

국회의원은 국가의 일을

이렇게 하면 국회의원들도 좋고, 시민들에게도 좋다. 국회의원들은 기초지역의 민원에서 해방될 수 있어서 좋다. 국회의원이 '지역구 관리'라는 명목으로 동네 행사 찾아다니면서 인사하는 것도 하지 않아도 된다. 국회의원들이 국가의 일에 집중하면, 그만큼 시민들의 삶에도 도움이 된다. 지금처럼 국회의원들이 국가의 일은 뒷전이고 지역구 관리에만 매달리는 나라에서 국민들의 삶이 나아지기는 어렵다.

지방자치의 발전에도 좋다. 지역의 일은 1차적으로 지방자치단체에서 해결하고, 지방자치단체장과 지방의원들이 역할을 하는 것이다. 그리고 국회의원은 국가의 일에 집중하는 것이다. 앞서 언급한 것처럼, 지방자치 차원에서 풀 수 없는 일이나 국가와 지방자치 영역이 중첩되는 일에 대해서만 그 시·도를 대표하는 국회의원이 역할을 하면 된다.

개방명부까지 도입하면 공천 문제도 없어

그리고 한 가지를 더 추가하자. 비례대표제를 권역별로 하면,

개방형 명부라는 제도를 갖다붙일 수 있다. 개방형 명부는 영어로 "Open List"라고 부르는 방식이다.

흔히 비례대표제라고 하면, 정당에서 후보자 명단과 순위를 결정하는 것으로 알고 있다. 지금 대한민국이 하는 방식이 그렇다. 그래서 유권자들은 불만이 많다. 비례대표 후보자의 순번을 정당이 결정하는데 어떻게 믿느냐는 것이다. 실제로 밀실 공천, 돈 공천 같은 문제도 발생해 왔다.

이렇게 정당이 비례대표 후보자의 순번을 결정하는 방식을 '폐쇄형 명부' 방식이라고 한다. 영어로는 "Closed List"이다.

그러나 '폐쇄형 명부' 방식만 있는 것은 아니다. 정당도 고르고 후보도 고르는 개방형 명부라는 방식이 있다. 개방형 명부를 택하고 있는 국가로는 네덜란드, 덴마크, 스웨덴, 오스트리아, 핀란드 등이 있다. 아래 [그림 1]에 있는 덴마크 투표용지에서 굵은 글씨로 쓰여 있는 것은 정당 이름이다. 그리고 그 정당 이름 아래에 있는 것이 사람 이름이다. 이 투표용지는 2014년 유럽의회 선거 때 덴마크에서 사용한 투표용지인데, 덴마크는 국회의원 선거를 할 때에도 비슷한 방식으로 투표를 한다.

참고로 각 국가의 선거제도가 어떠한지와 관계 없이, 유럽의회선거는 비례성이 보장되는 방식으로 이뤄진다. 다만 투표용지와 같은 구체적인 부분은 국가별로 다르게 정할 수 있다.

[그림1] 덴마크의 2014년 유럽의회 선거 투표용지

Nordsjællands Storkreds, 4. opstillingskreds

Europa-Parlamentsvalget 2014

Sæt x i én af afkrydsningsrubrikkerne til højre
for et partinavn eller et kandidatnavn
Sæt kun ét x på stemmesedlen

A. Socialdemokratiet ☐

Jeppe Kofod ☐	Britta Thomsen ☐
Die Christensen ☐	Kathrine Alexandrowiz ☐
Christel Schaldemose ☐	Gunde Odgaard ☐
Lasse Quvang Rasmussen ☐	Rasmus Gjedssø Bertelsen ☐

B. Radikale Venstre ☐

Morten Helveg Petersen ☐	Karen Melchior
hristian Kjølhede ☐	Thomas Elkjær
istine Siip ☐	Sissel Kvist
mira Nawa Amini ☐	

. Det Konservative Folkeparti

dt Bendtsen ☐	Morten Thiessen
fine Kofoed ☐	Julie Broe
Videbæk ☐	Catja C. Gaebel
as Vind ☐	Anders Stoltenberg
ian Wedell-Neergaard ☐	Mette-Katrine Ejby Buch

SF – Socialistisk Folkeparti

| te Auken ☐ | Rune Bai Nielsen |
| lansen ☐ | Charlotte Broman Mølbæk |

이 투표용지에서 유권자는 정당 이름 옆에 있는 칸(□)에만 표시를 할 수도 있고, 정당 이름 아래 후보자 칸(□)에까지 표시를 해서 후보자도 선택할 수 있다. 유권자들이 지지 정당은 있어도 후보까지는 잘 모르면 정당에만 표시를 하고, 후보까지 잘 알면 후보자도 선택할 수 있는 것이다.

그러면 사회민주당(Socialdemokratiet)이 얻은 득표는 사회민주당 정당에 투표한 용지와 사회민주당 후보자에 투표한 것을 합쳐서 계산한다. 그리고 사회민주당 후보 중에 누가 의원이 되는지는 후보자 이름 옆에 있는 □에 표시를 많이 받은 사람 순서대로 정한다.

이렇게 정당도 고르고 후보도 고를 수 있는 선거제도가 개방명부 비례대표제이다. 이렇게 하면 장점은, 공천을 둘러싼 폐해를 해결할 수 있다는 것이다. 정당이 낸 후보자 중에 누가 의원이 될지를 유권자들이 직접 정하는 방식이기 때문이다.

지금 우리나라 선거에서는 비례대표 후보 공천은 물론 지역구 공천에도 문제가 많다. 특정 지역에서는 특정 정당의 공천을 받으면 당선이 되는데, 지역구 공천을 몇몇 실세가 좌지우지하게 되면 사실상 국회의원을 유권자들이 정하는 것이 아니라, 그 정당의 실세가 정하게 되는 셈이다. 그런데 개방형 명부를 채택하게 되면, 그 정당의 지지자들이 그 정당의 여러 후보들 중에서 누가 국회의원이 될지도 직접 정하게 되는 것이다.

그리고 선거 때마다 반복되는 지역구 획정을 둘러싼 문제도 해결된다. 지금처럼 어느 시·군·구를 쪼개거나 합쳐서 지역구를 만들 필요가 없기 때문이다.

물론 이런 방식에 대한 비판도 있을 수 있다. 인지도가 높은 후보자에게 유리하다든지, 한 정당의 후보자들끼리 서로 경쟁을 하게 된다든지 하는 문제가 있을 수 있다. 그러나 권역별로 이런 방식을 채택하게 되면 인지도 문제는 극복 가능하다. 광주 유권자들이 자신이 지지하는 정당이 광주권역에서 낸 후보자들을 살펴보고 지지 후보를 정하는 것이 그렇게 어려운 일은 아니고, 광주에서 나온 후보가 광주지역의 자기 정당 지지자들에게 자신을 알리는 것도 그렇게 어려운 일은 아니기 때문이다. 오히려 지금의 지역구 공천 방식이 기득권을 가진 사람에게 더 유리하다고 할 수 있다. 또한 정당 내부에서 후보자들끼리 유권자들 앞에서 건강한 방식으로 경쟁하는 것도 꼭 나쁜 일은 아니다. 결국에는 자기 정당의 지지율이 올라가야 의석이 늘어나므로, 유권자들 앞에서 보기 싫을 정도로 지저분한 경쟁은 하지 못할 것이다.

개방형 명부를 채택하게 되면, 정당의 역할이나 책임이 줄어든다는 비판도 있을 수 있다. 그러나 개방형 명부라고 하더라도 투표용지에 올릴 후보 명단은 정당이 정하는 것이다. 그리고 개방형 명부를 택하는 경우에도 정당이 1차적으로 후보 순위를 정해서 투표용지에 올리고, 유권자가 그 순위를 변경할 수 있는 방식도 있다. 이것을 개방형 중에서도 '가변형 명부(Flexible List)'라고 부르기도 한다. 네덜란드의 경우에는 이런 방식을 택하고 있다. 가령 정당이 1번부터 8번까지 후보 순위를 정해서 투표용지에 올렸는데, 지지자들이 8번 후보를 많이 선택하면 8번 후보의 순위가 위로 올라가서 국회의원이 되는 것이다.

그러나 앞에서 설명한 것처럼, 정당이 아예 순위를 정하지 않고 유권자들로부터 많은 선택을 받은 순서대로 국회의원이 되는 개방형 방식을 중심으로 더 설명을 하겠다.

광주를 예로 들어 설명해 보면

좀 더 이해하기 쉽게 광주광역시를 예로 해서 설명해 보겠다. 광주광역시는 지금 8개로 지역구를 나눠서 각각 1명씩, 8명의 국회의원을 뽑는다. 그러다 보니 국회의원 후보자들이 구청장, 구의원처럼 움직인다. 온갖 지역개발 공약들이 선거 때마다 난무한다.

지역구 획정도 문제이다. 2014년 헌법재판소는 지역구 국회의원 선거의 인구편차가 2:1 이내여야 한다고 판결을 했다. 그런데 인구는 계속 변동한다. 그래서 선거 때마다 인구편차 2:1을 맞추기 위해서 짜맞추기를 한다. 이 과정에서 정치적 이해타산이 작용할 수밖에 없다. 자의적인 선거구 획정(게리맨더링)이 이뤄질 소지가 많은 것이다.

실제로 2020년 총선에서 광주광역시 동구와 남구를 묶어서 '동구남구갑', '동구남구을'이라는 식으로 선거구를 맞춰 놓았다. 동구의 인구가 줄어서 단독으로는 국회의원 지역구가 될 수 없게 되자, 이렇게 짜맞춘 것이다.

그러나 앞에서 설명한 권역별 비례대표제가 되면, 광주광역시 전체를 하나의 권역으로 해서 선거를 하게 되므로 이렇게 선거구를 복잡하게 짜맞출 이유가 없다.

그리고 광주의 유권자들은 자신이 지지하는 정당과 후보자를 고르면 된다. 예상되는 투표용지를 한 번 제시해 보면 [그림 2]와 같다. 이 투표용지는 수개표를 할 수밖에 없을 텐데, 그것이 크게 어려운 일은 아니다. 이번 21대 총선에서도 수개표를 하지 않았나?

[표 6] 광주광역시의 지역구 국회의원 선거구 현황 (2020년 총선)

광주광역시 (지역구 : 8)

동구남구갑 선거구	남구 봉선1동, 봉선2동, 월산동, 월산4동, 월산5동, 주월1동, 주월2동, 효덕동, 송암동, 대촌동
동구남구을 선거구	남구 양림동, 방림1동, 방림2동, 사직동, 백운1동, 백운2동, 동구 일원
서구갑 선거구	양동, 양3동, 농성1동, 농성2동, 광천동, 유덕동, 치평동, 상무1동, 화정1동, 화정2동, 동천동
서구을 선거구	화정3동, 화정4동, 서창동, 금호1동, 금호2동, 풍암동, 상무2동
북구갑 선거구	중흥1동, 중흥2동, 중흥3동, 중앙동, 임동, 신안동, 우산동, 풍향동, 문화동, 문흥1동, 문흥2동, 두암1동, 두암2동, 두암3동, 오치1동, 오치2동, 석곡동
북구을 선거구	용봉동, 운암1동, 운암2동, 운암3동, 동림동, 삼각동, 일곡동, 매곡동, 건국동, 양산동
광산구갑 선거구	송정1동, 송정2동, 도산동, 신흥동, 어룡동, 우산동, 월곡1동, 월곡2동, 운남동, 동곡동, 평동, 삼도동, 본량동
광산구을 선거구	비아동, 첨단1동, 첨단2동, 신가동, 신창동, 수완동, 하남동, 임곡동

[그림2] 개방명부 비례대표제가 도입될 경우 투표용지 예시

2024년 국회의원 선거 광주광역시 권역 투표용지			
A당 ☐	**B당** ☐	**C당** ☐	**D당** ☐
가 후보 ☐	ㄱ 후보 ☐	갑 후보 ☐	자 후보 ☐
나 후보 ☐	ㄴ 후보 ☐	을 후보 ☐	차 후보 ☐
다 후보 ☐	ㄷ 후보 ☐	병 후보 ☐	카 후보 ☐
라 후보 ☐	ㄹ 후보 ☐	정 후보 ☐	타 후보 ☐
마 후보 ☐	ㅁ 후보 ☐	무 후보 ☐	파 후보 ☐
바 후보 ☐	ㅂ 후보 ☐	기 후보 ☐	하 후보 ☐
사 후보 ☐	ㅅ 후보 ☐	경 후보 ☐	거 후보 ☐
아 후보 ☐	ㅇ 후보 ☐	신 후보 ☐	너 후보 ☐
E당 ☐	**F당** ☐	**G당** ☐	**무소속**
ㅎ 후보 ☐	P 후보 ☐	a 후보 ☐	이○○ 후보 ☐
ㅍ 후보 ☐	Q 후보 ☐	b 후보 ☐	
ㅌ 후보 ☐	R 후보 ☐	c 후보 ☐	정○○ 후보 ☐
ㅋ 후보 ☐	S 후보 ☐		
ㅊ 후보 ☐			
ㅈ 후보 ☐			

투표용지에서 보면, A당, B당, C당, D당은 광주광역시 권역에서 8명의 후보를 냈다. 유권자들은 정당이 표시된 란에서 자신이 지지하는 정당 중 하나에 표시를 한다.

그리고 그 정당이 낸 후보자들 중에서 가장 마음에 드는 후보에게 표시를 하면 투표 끝이다. 간단하다.

각 정당이 투표용지에 후보자를 적을 때 위에 있는 후보가 유리할 수 있다. 따라서 각 정당은 투표용지에 적을 후보 순서를 내부경선을 통해서든 제비뽑기를 통해서든 정해야 할 것이다. 그러나 중요한 것은 어떻게 순서를 정하든, 최종적인 당선자들은 유권자가 정한다는 것이다. 투표용지 아래쪽에 있는 후보라도 많은 유권자들로부터 선택을 받으면 당선될 수 있기 때문이다.

투표방식에 대해 다시 한 번 설명하면 이렇다.

가령 A당을 지지하는 유권자라면 정당 이름 중에서 A당 옆에 표시를 하면 된다.

A당 ■	B당 □	C당 □	D당 □

그리고 A당이 낸 후보자들 중에 가장 마음에 드는 후보자에

게 투표를 하면 된다. 가령 후보자 명단 제일 밑에 있는 아 후보
가 가장 좋다고 생각하는 유권자는 아 후보에게 투표하면 된다.

```
┌─────────────────────────┐
│   가 후보    □          │
│   나 후보    □          │
│   다 후보    □          │
│   라 후보    □          │
│   마 후보    □          │
│   바 후보    □          │
│   사 후보    □          │
│   아 후보    ■          │
└─────────────────────────┘
```

정당별 의석 배분과 당선자 결정

이렇게 투표를 하면 정당별 의석 배분은 각 정당이 얻은 득표
비율에 따라서 하면 된다. 비례대표제니까 당연한 일이다. 소수
점으로 나오는 숫자는 소수점이 큰 순서대로 정당별로 채워주
면 된다. 단순화한 사례를 갖고 설명하면 이렇다. 위와 같이 투
표해서 광주광역시 권역에서 각 정당의 득표율이 [표 7]과 같

이 나왔다면, 광주광역시 권역에 배분된 8석과 각 정당의 득표율을 곱하면 된다. 그리고 소수점이 큰 순서대로 올림을 해 주면 A당은 5석, B당은 2석, C당은 1석이 된다. D당은 0.4의 소수점이 나왔는데, 다른 정당의 더 높은 소수점을 올려서 8석이 꽉 찼으므로 의석을 배정 받지 못한다. 그러나 뒤에서 설명하는 것처럼, D당은 보정의석 배분을 통해서 의석을 배분 받을 수 있다.

[표 7] 권역별 비례의석 배분 (예시)

정당	득표율	득표율 × 8석	권역별 의석
A당	60%	4.8석	5석
B당	20%	1.6석	2석
C당	10%	0.8석	1석
D당	5%	0.4석	—
나머지 정당 득표율 합산	5%	—	—
합계	100%		8석

이렇게 한 다음에 각 정당은 자기 정당의 후보자 중에서 유권자의 선택을 많이 받은 순서대로 국회의원 당선자를 정하면 된다. 가령 A당이 5석을 받았다면, 후보자 중에서 선택을 많이 받은 순서대로 5명이 국회의원이 되는 것이다. 라, 마, 바, 사, 아 후보가 많이 받은 5명이라면 라, 마, 바, 사, 아 후보가 당선되고, 가, 나, 다 후보는 국회의원이 되지 못하는 것이다.

무소속 후보자는?

"그럼 무소속 후보는 어떻게 하느냐?"는 의문을 가질 수 있다. 비례대표제 선거제도에서도 무소속 후보자의 출마는 보장될 수 있다.

무소속 후보자는 [그림 2]처럼 투표용지에 무소속 후보자 란을 따로 만들고, 후보자의 이름을 적어서 그 후보자 이름 옆에 표시를 할 수 있게 하면 된다. 그리고 사람별로 각각 1개의 정당인 것처럼 계산하면 된다. 가령 광주광역시 권역에 출마한 이 ○○이라는 무소속 후보자가 광주 전체에서 10%를 받았다면, 아래와 같이 그 무소속 후보자가 당선될 수 있는 것이다([표7]에서 C당 대신에 무소속 후보자가 10%를 받았다고 가정한 것임).

[표 8] 무소속 후보자가 있을 경우 의석 배분 (예시)

정당	득표율	득표율×8석	권역별 의석
A당	60%	4.8석	5석
B당	20%	1.6석	2석
D당	5%	0.4석	—
무소속 이○○	10%	0.8석	1석
나머지 정당 득표율 합산	5%	—	—
합계	100%		8석

보정의석의 배분

이렇게 1인 1표 개방명부 비례대표제를 권역별로 하게 되면, 지역대표성도 확보하면서 지금의 폐해를 많이 줄일 수 있다. 정당득표율에 따라 의석이 배분되므로 정당득표율과 의석비율 간의 불일치 현상은 완화된다. 그리고 유권자들이 직접 정당도 고르고 후보자도 고르므로 공천의 불투명성, 비민주성 문제도 해소된다.

그러나 권역별 비례대표제의 문제점도 있다. 권역별로 비례대표제를 하면, 정당득표율이 5%, 3%인 정당들은 원내 진입이 어려울 수 있는 것이다. 예를 들어 10명의 국회의원을 뽑는 권역에서 당선자를 내려면, 10% 정도는 득표를 해야 하고, 5%를 얻은 정당은 의석을 배분 받기 어렵다.

그래서 보정의석이라는 제도가 필요하다. 권역별로는 의석을 배분 받지 못한 정당도 보정의석을 활용해서 의석을 배분하는 것이다. 방법도 간단하다. 지금 있는 47석의 비례대표 의석을 보정의석으로 전환하면 된다.

이 방식을 채택하고 있는 덴마크의 2007년 선거 결과에서 보정의석이 배분된 것을 보면 [표 9]와 같다.

표를 보면 전국득표율에 따라 의석을 배분할 때, 가장 많은 의석을 차지한 두 정당은 45석을 차지한 사회민주당, 46석을 차지한 자유당이다. 그런데 이 두 정당은 권역별 비례대표를 통해 많은 의석을 확보한 편이다. 사회민주당은 41석, 자유당은 40석을 각각 확보했다. 따라서 사회민주당은 45석의 배분 의석에서 권역별로 확보한 41석을 뺀 4석만 보정의석으로 받는다. 자유당은 46석의 배분 의석에서 권역별로 확보한 40석을 뺀

[표 9] 2007년 덴마크 총선의 의석 배분 사례

정당	득표	전국 득표에 따른 의석 계산 (A)	권역별 의석 (B)	보정 의석 (A-B)
사회민주당 (Social Democratic Party)	881,037	44.966 = 45	41	4
사회자유당 (Social Liberty Party)	177,161	9.042 = 9	3	6
보수당 (Conservative Party)	359,404	18.343 = 18	11	7
사회주의민중당 (Socialist People's Party)	450,975	23.017 = 23	19	4
덴마크 민중당 (Danish People's Party)	479,532	24.474 = 25	20	5
자유당 (Liberals)	908,472	46.366 = 46	40	6
새동맹 (New Alliance)	97,295	4.966 = 5	0	5
연합리스트 (Unity List)	74,982	3.827 = 4	1	3
합계	3,428,858	175	135	40

* 출처 : Ministry of Interior and Health and Danish Parliament, "*The Parliamentary Electoral System in Denmark*", 2011, 8쪽.

6석만 보정의석으로 받는다. 반면에 전국득표율에 따른 의석은 18석인데, 권역별 비례대표에서 11석만 배분 받은 보수당이 7석의 보정의석을 받아 가장 많은 보정의석을 받는다.

새동맹(New Alliance)은 권역별로는 의석을 획득하지 못했다. 새동맹의 전국득표율은 2.84%(97,295표 ÷ 3,428,858표)였는데, 아마 그 정도의 득표율로는 권역별 의석을 획득하기 어려웠을 것이다. 그러나 보정의석 5석을 배정 받음으로써 결과적으로 2.86%(5석/175석)의 의석을 획득했다.

이처럼 보정의석은 전국득표율을 기준으로 계산한 의석과 권역별로 계산한 의석의 차이만큼을 채워주는 기능을 한다. 이렇게 하면 권역별 선거에서 당선자를 적게 내거나 내지 못한 정당이 보정의석을 통해서 전국득표율만큼 의석을 확보하게 된다.

간혹 전국득표율을 기준으로 계산한 의석보다 권역별로 계산한 의석합계가 많은 경우가 생길 수 있다. 가령 A당이 전국득표율 기준으로는 60석을 배분 받는 것으로 계산됐는데, 권역별로 얻은 의석을 합하니까 62석이 되는 경우가 생길 수 있다. 이런 경우를 '초과의석(overhang seats)'이라고 부르는데, 그런 경우에는 그 정당에게는 보정의석이 배분되지 않고, 47석의 보정의석을 다른 정당들이 나누게 된다. 어쨌든 초과의석만큼 의석을 더 얻는 정당이 생기는 경우이므로 정당득표율과 의석비율이 정확하게 들어맞지 않게 되고, 초과의석이 생긴 정당이 약간의 이득을 보게 된다. 그러나 실제로는 초과의석이 생기는 경우가 많지 않을 것이다.

보정의석의 당선자 결정

이렇게 배분되는 보정의석의 '당선자'를 어떻게 정할 것인지와 관련해서 여러 방법이 있을 수 있다. 보정의석을 각 정당에 배분한 후에, 각 정당 내에서 득표율이 상대적으로 높은 권역에 배분해서 당선자를 정하는 방법도 있다. 그러나 이 방법은 좀 복잡하다.

좀 더 간단한 방법은 각 정당의 후보자(전체 권역에 후보자를 채워 낸다면 253명이 될 것이다) 중에 권역별로 당선하지 못한 낙선자들을 득표비율(후보자의 득표수 ÷ 해당 권역의 투표자수) 순서대로 줄세워서 득표비율이 높은 순서대로 당선자를 정하는 것이다.

예를 들어서 A당이 보정의석을 3석 받았다면, A당의 후보자 상위 3명을 보정의석 당선자로 하면 되는 것이다. 만약 여성할

당제를 결합한다면, 보정의석 당선자를 정할 때에 홀수 번째 당
선자는 여성으로 하도록 할 수도 있을 것이다. 그렇게 되면 보
정의석에 의한 당선자의 절반 이상은 여성이 되는 것이다.

아래 [표10]은 득표비율에 따라 여성 후보와 비여성 후보를
정렬시킨 것이다. 이 경우 A당의 보정의석 첫 번째 당선자는 김
○○ 여성 후보가 되고 두 번째 당선자는 나○○ 비여성 후보가
된다. 세 번째 당선자는 이○○ 여성 후보다.

[표 10] 보정의석에서 여성 50% 당선 보장 방안 (예시)

여성 후보	득표비율	구분	비여성 후보	득표비율	구분
김○○(당선)	5.43%	서울권역	나○○(당선)	5.80%	전북권역
이○○(당선)	5.17%	광주권역	라○○	5.35%	충남권역
박○○	4.50%	경기권역	부○○	5.13%	경남권역
정○○	4.35%	전남권역	고○○	4.45%	인천권역

봉쇄조항과 연합명부

전국 단위에서 보정의석을 배분할 때에는 봉쇄조항을 둘 것인지가 문제가 된다. 봉쇄조항이란, 보정의석을 배분 받기 위한 최저득표율을 말한다. 지금 대한민국의 경우에는 비례대표 의석을 배분 받기 위해서는 비례대표 정당투표에서 최소 3% 이상을 득표해야 한다. 만약 이런 3%의 봉쇄조항을 유지한다면, 보정의석을 배분 받기 위해서는 3% 이상의 전국 득표를 해야 한다.

그러나 비례대표제 국가 중에는 봉쇄조항이 없는 경우도 있다. 네덜란드, 남아프리카공화국의 경우, 인위적인 봉쇄조항이 없다. 가령 네덜란드의 경우에는 150명의 국회의원을 뽑는데, 어느 정당이 0.67%(1/150)의 득표를 하면 자연스럽게 1석을 배분 받게 된다.

사실 대한민국의 선거에서 3%의 득표율을 얻으려면 87만표 이상을 받아야 한다. 2020년 총선의 경우에는 29,126,396명이 투표를 했는데, 3%가 되려면 873,792표를 얻어야 했다. 이 정도면 웬만한 큰 도시에 사는 인구이다. 대한민국의 인구규모를 감안하면 3%는 결코 낮지 않은 진입장벽이다.

그리고 3.00%면 의석이 배분되는데, 2.99%의 득표를 하면 의석을 한 석도 배분 받지 못한다는 것은 문제가 있다. 이 문제를 합리적으로 해결할 수 있는 방법이 정당 간 연합으로 비례대표 후보를 공동으로 낼 수 있게 하는 것이다. 그렇게 하면 단독으로 봉쇄조항을 넘기 어려운 원외 소수정당들이 연합을 해서 비례대표 후보를 내는 것이 가능하다. 이렇게 공동의 비례대표 후보 명부를 만드는 것은 선거연합(electoral coalition)의 한 형태이며, 여러 나라에서 인정하는 방식이다.

여성 대표성의 확대 방안

지금까지 공직선거법에서 지역구 여성 공천비율을 30%로 권장했지만, 거대정당들은 이를 무시했다. 2020년 총선에서도 지역구 후보자 중에서 여성 비율은, 더불어민주당 12.6%(전체 후보 253명 중 여성후보 32명), 미래통합당 10.9%(전체후보 237명 중 여성후보 26명)에 그쳤다. 그리고 지역구에서 당선된 여성 당선자는 29명으로 253명의 지역구 당선자 중에서 11.46%에 불과했다. 그나마 비례대표에서 홀수 번호에 여성을 공천하도록 강제함에 따라 여성들의 국회 진출이 확대되어 왔다.

21대 국회에서 비례대표까지 합치면 여성 당선자 숫자

는 57명(지역구 29명, 비례대표 28명)으로 전체 당선자의 19%를 차지했다. 20대 총선 당시의 17%에 비하면 증가한 것이나, OECD 회원국 여성의원 평균비율 28.8%(2017년)에 비해 턱없이 부족한 수치이다.* 국제의원연맹(IPU) 자료에 의하면, 여성 의원 비율 19%는 세계 100위권 밖에 해당하는 수치이다(하원 기준).**

[표 11] 2020년 총선 정당별 여성 당선자 현황

	더불어민주당 + 더불어시민당	미래통합당 + 미래한국당	정의당	국민의당	열린 민주당	합계
지역구 여성 당선자	20	8	1			29
비례대표 여성 당선자	10	10	4	2	2	28
합계	30	18	5	2	2	57

---

* 국회입법조사처,『여성정치대표성 강화방안 — 프랑스·독일의 남녀동수대표제 사례분석』, 2020, 3쪽 참조.

** http://archive.ipu.org/wmn-e/classif.htm

기본적으로 지역구 선거에서는 각 정당이 지역구별로 1명의 후보를 공천하기 때문에 여성 공천비율을 확대하는 데 한계가 있어 왔다. 지역구 30% 공천을 강제하는 방안이 있지만, 여기에 대해서는 거대정당이 부정적인 태도를 보여 왔다.

그러나 권역별로 정당명부식 비례대표제를 하면, 여성 대표성을 확대하는 것이 간단해진다. 각 권역별로 각 정당이 내는 후보자 명부의 절반을 여성으로 하도록 하면 된다. 동수 후보 공천이 실현되는 것이다. 그리고 앞에서 설명한 것처럼, 보정의석의 경우에도 각 정당이 배분 받은 보정의석의 절반 이상을 여성에게 배정하면 된다.

권역은 어떻게 나눌 것인가?

이제 이 책에서 제안하고자 하는 권역을 어떻게 나눌 것인지에 대해 추가설명을 하고자 한다. 앞에서 설명한 것처럼, 기본적으로는 17개 시·도를 권역으로 하면 된다. 그것이 가장 자연스럽다.

문제는 서울, 경기이다. 앞의 [표 5]에서 본 것처럼, 서울의 지역구 의원 숫자는 49명이고, 경기도는 59명이나 된다. 만약 개방형 명부를 채택한다면, 한 정당이 경기도에서 59명의 후보자를 전부 낼 경우에 투표용지가 너무 길어진다. 그리고 지역이 너무 넓고 인구가 너무 많아서 국회의원의 지역 대표성이 애매해진다. 서울도 인구가 너무 많기는 마찬가지이다.

그래서 서울은 5개 정도의 권역으로, 경기도는 5~6개 정도의 권역으로 나누는 것을 생각해 볼 수 있다. 가령 서울의 경우에는 서부권역(은평구, 서대문구, 마포구, 강서구, 양천구), 남부권역(구로구, 금천구, 동작구, 관악구, 서초구), 동부권역(강남구, 송파구, 강동구, 광진구, 중랑구), 북부권역(동대문구, 도봉구, 강북구, 성북구, 노원구), 중부권역(영등포구, 용산구, 성동구, 중구, 종로구)으로 5개 자치구를 묶어서 하나의 권역으로 만들 수 있을 것이다. 물론 이것은 하나의 예시이므로 달리 나눠도 좋다.

경기도의 경우에도 마찬가지로 권역을 나눌 수 있을 것이다. 이렇게 하면 한 권역에서 선출하는 국회의원 숫자는 10명 내외가 될 것이므로, 개방형 명부를 실시하는 데에도 큰 문제가 없을 것이다.

나머지 시·도 중에 국회의원 숫자가 15명 이상인 부산, 경남의 경우에도 2개 권역 정도로 나눌 수 있을 것이다. 가령 동부산/서부산, 서부경남/동부경남으로 나누는 것이다.

선거운동 방식도 개혁해야

이제 개방명부 비례대표제에 대해서는 설명을 마쳤다. 다만, 한 가지 의문이 들 수 있을 것이다. 선거운동은 어떻게 하느냐는 것이다.

우선 비례대표제 선거이므로 각 정당이 선거운동의 기본 주체가 되어야 한다. 후보도 정당에 소속된 구성원으로서 선거운동을 하는 것이다.

선거비용은 대폭 줄어들 수 있다. 지금의 지역구 선거처럼 후보별로 유세차량을 돌리고 유급 선거운동원을 둘 필요가 없다. 후보별로 현수막을 걸 필요도 없다. 정당 중심으로 선거운동을 하는 것이고, 후보는 기자회견, 토론회 등을 통해 자신의 정견을 밝힐 기회를 보장하면 된다. 후보가 유세를 하고 싶다면, 후보별로 마이크 하나와 수행원 2~3명 정도만 쓸 수 있도록 하면 된다.

그 외에는 정당별로 전국 단위, 권역별로 사용할 수 있는 비용의 한도액을 정해 주면 된다. 그리고 각 정당이 자율적으로 선거비용 한도액 내에서 선거운동을 하면 된다. 한도액은 지금의 지역구 선거운동 비용과 비례대표 선거운동 비용 한도액을 합친 것의 3분의 1 수준으로 해도 된다.

2020년 총선의 경우에 한 정당의 지역구 후보자들이 쓸 수 있는 선거비용 제한액이 무려 460억 4천 6백만 원(평균 지역구 후보자 1인당 1억 8천 2백만 원)에 달했다. 그리고 비례대표 선거비용 제한액도 48억 8천 6백만 원에 달했다. 지역구와 비례대표를 합하면 한 정당에서 사용할 수 있는 선거비용 제한액이 509억 3천 2백만 원이다. 거대양당의 경우에는, 대부분의 지역구 후보자들이 선거비용 보전을 받고, 비례대표 선거비용도 보전을 받기 때문에 이런 막대한 선거비용은 결국 국민세금으로 부담해 주게 된다.

　　1인 1표 개방명부 비례대표제가 되면, 이런 선거비용을 획기적으로 줄여야 한다. 3분의 1로 줄여도 160억 원이 넘는다. 이 선거비용 제한액 내에서 각 정당이 전국과 권역별 선거운동을 기획해서 하면 된다. 유세차량과 유급 선거운동원이 선거비용의 가장 많은 부분을 차지하므로, 그 비용만 줄여도 선거비용은 획기적으로 줄일 수 있다.

　　또한 대한민국의 공직선거법을 전면적으로 혁신해야 한다. 지금의 선거법은 돈이 들어가는 선거운동은 허용하면서, 돈이 안 들어가는 선거운동은 금지하고 있다. 정당의 당원, 지지자, 후보들이 정당의 정책을 알리는 정책홍보물을 배포하면서 선거운동을 하는 것을 허용하고, 그 외에는 온라인 등에 맡기면 된다.

외국에서는 대부분 허용하고 있는 호별방문(door to door)도 허용해야 한다. 미국이나 유럽에서는 가장 돈이 안 들어가는 선거운동 방식으로 소개되고 있는 호별방문을 21세기에도 금지하고 있다는 것은 대한민국의 수치이다. 금품살포 우려 운운하지만, 이제는 그런 수법이 통하는 세상이 아니다. 그리고 어차피 금품살포를 하는 후보는 호별방문을 금지한다고 해도 한다. 금품살포에 대해서는 더욱 엄격하게 감시하고 무겁게 처벌하면 된다.

개방명부의 현실가능성

앞에서 개방명부 비례대표제의 내용에 대해서는 설명을 했다. 조금 미흡한 부분이 있다면, 기술적인 부분들일 것이다. 그런 부분은 입법과정에서 논의하면 된다.

이런 제안에 대해 예상되는 반론은 몇 가지가 있을 수 있다. 물론 그 반론들 중에 상당수는 앞에서 설명한 내용을 정확하게 이해했다면, 사라질 수 있을 것이다.

다시 한번 강조하지만, 개방명부를 도입하면 같은 정당에 속

한 후보자들끼리 과당경쟁이 벌어질 수 있다든지 하는 우려에 대해서는 선거운동 방식과 선거비용 제한을 통해 해결할 수 있다. 그리고 지금 벌어지고 있는 지역구 공천경쟁이야말로 과잉, 밀실경쟁이고 줄세우기를 시키는 지저분한 경쟁이라는 것을 감안한다면, 유권자들로부터 더 많은 선택을 받기 위해 하는 경쟁은 오히려 바람직한 것이다.

또한 개방형 명부를 도입하면 인지도가 높은 후보가 유리하다는 얘기도 나올 수 있다. 그러나 유권자를 너무 무시하지 말았으면 좋겠다. 특히 개방형 명부에서는 그 정당을 지지하는 유권자가 그 정당의 후보군을 놓고 고르는 것이다. 자신이 지지하는 정당에서 누가 좋은 후보자인지를 선택하는 것 정도는 유권자들이 충분히 할 수 있는 일이다.

오히려 주목할 만한 반론은 현실가능성일 수 있다. 과연 지금의 기득권 정치인들이 이런 방식의 선거제도를 받아들이겠느냐는 것이다. 여기에 대한 대답은 네 가지로 할 수 있다.

첫째, 선거제도를 손보는 것은 불가피하고, 대안은 제한되어 있다는 것이다.

만약 이전의 선거제도로 후퇴한다면 모르지만, 그렇지 않다면 대안이 별로 없다. 국회의원 숫자를 획기적으로 늘려서 '연동형 비례대표제'를 제대로 하는 방법이 있지만, 아무리 국회의원 특권을 폐지한다고 해도 국민들이 쉽게 동의하지 않는다. 그렇다면 300명의 국회의원 정원을 유지한 상태에서 대안을 만들어야 하는데, 특별한 대안이 별로 없다. 이 책에서 제안한 것처럼 253명으로 권역별 비례대표를 하고, 47명을 보정의석으로 하는 것이야말로 300명의 정원을 유지한 상태에서 현실적으로 택할 수 있는 대안이다.

둘째, 합리적인 보수라면 동의할 수 있는 방안이라는 것이다.

흔히 비례대표제는 진보 측에서만 지지할 것이라고 생각하지만, 역사를 보면 그렇지 않다. 예를 들어 1920년 비례대표제가 채택된 덴마크에서는 보수당(Conservative Party)이 비례대표제를 지지했다. 당시에 농민들을 대표하는 농민자유당(Agrarian Liberals)이 농촌지역 지역구 선거에서 많이 이겨서 승자독식 선거제도의 이득을 보고 있었기 때문이다.

사실 비례대표제는 정당득표율대로 의석을 배분하자는 것이므로, '합리적 보수' 입장에서도 반대할 이유가 없다. 특히 최근 선거에서 보수정당이 득표율에 비해 의석비율에서 손해를 보고 있는 입장에서는 그렇다.

셋째, 국민들이 선호할 수 있는 방안이라는 것이다.

결국 선거제도 개혁은 여론이 중요하다. 우선 300명의 국회의원 숫자를 늘리지 않고서도 채택할 수 있는 방안이라는 점에서 국민여론의 지지를 받을 수 있다. 그리고 지금 대한민국의 유권자들은 직접 참여하기를 원한다. 그런데 정당도 선택하고, 후보도 선택하는 개방명부 비례대표제는 유권자들의 선택권을 확장하는 것이다.

넷째, 지역주의를 완화하는 효과가 확실하다.

대구·경북에서도 민주당 계열 정당의 지지율이 꽤 나오고, 호남지역에서도 보수정당 지지율이 10% 정도는 나오고 있다. 21대 총선에서도 대구지역에서 더불어시민당과 열린민주당이 얻은 득표율을 합하면 19.3%였다. 경북지역에서도 19.0%에 달했다. 대구·경북 모두 민주당 계열이 2석 이상을 확보할 수 있는 것이다. 전북지역에서도 미래한국당과 국민의당이 얻은 정당득표율을 합하면 9.8%였다. 보수정당도 1석 정도의 비례대표 의석을 얻을 수 있는 것이다. 게다가 누가 국회의원이 되는지도, 기존처럼 정당 지도부가 정하는 것이 아니라 유권자들이 직접 정하는 것이다. 이렇게 하면 대구·경북지역에서도 민주당의 정치인이 전국적으로 유력한 정치인으로 부상할 수 있고, 호남지역의 경우에도 마찬가지다.

지금은 열세 지역에서 어렵게 국회의원에 당선되어도 다음번에는 낙선하는 경우가 대부분이다. 이래서는 거대양당에서도 자기 정당의 열세 지역에서는 유력한 정치인이 나오기 힘

든 상황이다. 그런 현실을 바꿀 수 있는 것이다. 사실 영남지역의 민주당 정치인·당원들과 호남지역의 보수정당 정치인·당원들은 개방명부 비례대표제를 강력하게 지지해야 할 동기가 있다.

그리고 권역별로 비례대표제를 하면 '정치의 분권화'라는 방향으로 나아가는 것이다. 권역별 비례대표제를 하면, 시·도당별 정당활동이 중요해진다. 그리고 정당 내부에서 명부에 올릴 후보자들을 정하는 과정에서 권역별로 당원들의 참여가 이뤄질 수 있다.

문제는 지금의 기득권을 가진 국회의원들이 동의하겠느냐이다. 그러나 이는 늘 존재했던 문제이다. 어차피 개별 국회의원들은 자신의 재선 말고는 관심이 없다. 선거제도 개혁은 국회의원들의 밥그릇이 걸려 있는 문제이므로, 개별 국회의원들을 설득하는 방식으로는 이뤄낼 수 없다. 결국 각 정당들이 개혁경쟁에 나서게 하고, 최소한 개혁에 반대해서는 다음 선거에서 불이익을 볼 것이라고 판단하게 만들어야 하는데, 정당들이 이렇게 판단하게 만드는 것은 여론뿐이다.

선거제도 개혁은 매우 어려운 과제이다. 그러나 대한민국에서는 이미 시작됐다. 선거제도를 손보기 시작했고, 추가로 개혁을 하는 것이 불가피한 상황이다. 그렇다면 현실가능성만 따지

기보다는, 어떻게 현실로 만들지를 고민해야 할 때이다. 정치는 가능성의 예술이다.

③

지방선거는 어떻게?

코로나19 이후의 지방자치

과거에는 중앙정부의 지침대로 지방자치단체가 정책을 펴는 수준이었다면, 이제는 달라졌다. 미세먼지 대응, 주거문제 해결, 청년정책, 소상공인 지원 등에서 각 지방자치단체들이 차별성 있는 정책들을 펴고 있다. 농촌지역에서는 농민수당을 지급하는 곳들이 늘어나고 있고, 청년들에게 청년배당(청년수당) 등을 지급하는 곳들도 늘어나고 있다. 최근에 등장한 혁신적인 정책들은 대체로 지방자치단체에서 먼저 시도되었다가 중앙정부 정책으로 채택된다는 공통점이 있다.

예전에는 지방자치가 우리 삶과 밀접한 연관이 있고, 지방자치단체가 어떤 정책을 펴느냐에 따라 사람들의 삶이 달라질 수 있다는 것을 피부로 느끼지 못했지만, 이제는 다르다.

코로나19 사태로 인한 경제적 충격에 대해서도 지방자치단체가 먼저 움직였다. 경기도 등이 긴급재난지원금(재난기본소

득)을 지급한 이후에, 국가 단위의 재난지원금이 지급되게 되었다.

코로나19 방역과 관련해서도 지방자치단체의 역할이 매우 중요했다. 여러 지방자치단체들이 2015년 메르스(중동호흡기증후군) 사태를 겪으면서 대응체계를 정비해 둔 것이 효과를 봤다.

코로나 이후의 사회를 생각하면, 지방자치단체의 역할은 더욱 커질 수밖에 없다. 날로 심각해져 가는 기후위기를 생각해도 마찬가지다. 가장 중요한 것이 시민들의 생명과 안전을 지키는 것인데, 그러기 위해서는 식량자급, 에너지자급이 절실한 과제이다. 마스크는 부족해도 단기간에 어떻게 해결할 수 있지만, 식량이나 에너지 부족은 단기간에 해결하는 것이 불가능하다. 그런데 대한민국은 80%에 가까운 곡물을 수입하고, 대부분의 에너지도 외부에 의존하는 구조이다. 이 구조에서 빨리 벗어나야 한다.

이와 관련해서는 국가의 역할도 중요하지만, 지방자치단체의 역할도 매우 중요하다. 유럽의 많은 지역들에서 에너지와 먹거리는 지방자치단체의 중요한 정책 영역이다. 특히 비수도권 지방자치단체의 역할이 중요하다.

앞으로의 세상에서는 사람들이 안전하게 정착해서 거주할

수 있도록 하는 것이 중요한데, 현실적으로 서울이나 대도시는 그런 공간이 되기 어렵다. 더 많은 사람들이 비수도권 지역에서 살 수 있어야 한다. 그러기 위해서는 국가의 노력도 필요하지만, 비수도권 지방자치단체들이 '지역의 삶의 질'을 높이기 위한 노력을 해야 한다.

그런데 비수도권 지방자치단체들 중에는 여전히 개발과 토건에 빠져 있는 곳들이 적지 않다. 사람들이 계속 살고 싶은 곳을 만들어 가야 하는데, 높은 땅값이나 오염된 환경은 사람들을 오히려 떠나게 만든다. 특히 청년들이 비수도권 지역을 떠나고 싶어 하는 상태이다. 이래서는 미래가 희망적일 수 없다.

지역에서도 결국 문제는 정치다. '고여 있는 물'이 된 지역정치가 지역의 삶의 질을 떨어뜨리는 것이다. 그리고 이런 지역정치를 만든 것이 바로 지방선거제도이다. 한국의 지방선거제도는 심각한 문제점을 안고 있다. 표심의 왜곡현상이 더 심하다. 지역의 기득권자들이 거대양당의 공천을 타고 들어와서 지방의회를 장악하다시피 하고 있다. 지역의 시민단체나 지역언론들이 감시하는 역할도 제대로 하지 못한다. 시민들의 세금이 엉뚱하게 새고 있다.

이런 현실을 바꿀 수 있는 첫 걸음이 지방선거제도 개혁이다. 그리고 지방의회 선거의 경우에는 2장에서 설명한 1인

1표 개방명부 비례대표제를 도입해야 한다. 지방자치단체장 선거의 경우에는 결선투표제나 보완투표제를 도입해야 한다. 이것은 법률개정으로 충분히 가능하다. 구체적인 것은 지금부터 설명하겠다.

지방선거 투표용지는 몇 장?

지방선거제도의 개혁 방안에 대해 설명하기 이전에, 먼저 지금의 지방선거제도에 대해서 알 필요가 있다.

흔히 지방선거 때는 7장의 투표용지를 받는다고 한다. 광역지방자치단체장(시·도지사)와 기초지방자치단체장(시·군·자치구의 장)을 각각 뽑으니 단체장 투표용지만 2장이다.

그리고 광역지방의원(시·도의원) 지역구 투표용지와 광역비례대표 정당 투표용지를 각각 받으니 광역지방의원 투표용지만 2장이다.

기초지방의원(시·군·자치구의원) 지역구 투표용지와 기초비례대표 정당 투표용지를 각각 받으니 기초지방의원 투표용지만 2장이다.

그리고 교육감 투표용지가 1장 주어진다.

이렇게 7장의 투표를 한꺼번에 하기 때문에 유권자들 입장에서는 투표할 때 어려움을 느낀다.

지방선거를 이렇게 동시에 치르는 것이 당연한 일은 아니다. 1961년 5·16 쿠데타가 일어나기 전인 1960년 12월에 지방선거가 있었다. 5·16 쿠데타 이후에 지방자치를 정지시켰기 때문에 마지막 지방선거가 된 것이다. 당시에 지방선거 날짜는 다음과 같았다.

광역지방의원(특별시·도의회 의원 선거) 1960년 12월 12일

기초지방의원(시·읍·면의회 의원 선거) 1960년 12월 19일

시·읍·면장 선거 1960년 12월 26일

특별시장·도지사 선거 1960년 12월 29일

이렇게 우리도 네 번에 나눠서 지방선거를 한 적이 있었다. 외국의 경우에는 지역별로 지방선거 날짜가 다른 경우도 많다.

지금처럼 하루에 지방선거를 몰아서 해치우는 식으로 선거를 하는 것은 바람직하지 않다. 이 부분은 당장 고치기는 어렵겠지만, 지방분권이 진전되면서 재검토를 해야 할 것이다.

그리고 1960년 지방선거에서 배워야 할 점 중에 하나는, 당시에 도시지역에서는 '시' 단위를 기초지방자치단체로 했지만,

농촌지역의 경우에는 '읍·면'을 기초지방자치단체로 했다는 것이다. 농촌지역에서는 읍·면 정도를 자치 단위로 하는 것이 미국, 일본, 유럽의 대체적인 사례이다. 5·16 쿠데타로 중단된 지방자치를 1991년 부활시키면서 읍·면이 아니라 군 단위를 농촌지역 지방자치단체로 한 것은 농촌지역의 지방자치에 매우 큰 저해 요소가 되고 있다. 지금이라도 읍·면 단위의 자치를 강화할 방법을 찾아야 한다.

지방자치에서도 여성·청년은 대표되지 못해

외국의 경우에는 지방자치에서부터 여성, 청년, 소수자들의 목소리가 활발하게 대변되는 모습을 본다. 많은 여성, 청년 정치인들이 지방의회부터 당선되어 성장하기도 한다. 지방자치단체장에 당선되는 경우도 많다. 그러나 대한민국의 지방자치 현실은 전혀 그렇지 못하다.

우선 지방자치단체장의 경우에 여성을 찾아보기가 어렵다. 후보공천 단계에서부터 지방자치단체장 후보 중 여성 공천비율이 낮다. 2018년 지방선거의 경우에 광역지방자치단체장 후보 중에서는 여성 비율이 8.45%(71명 중 6명)에 불과했고, 당선자는 아예 없었다. 기초지방자치단체장 후보 중에서도 여성 비율은 4.66%(751명 중 35명)에 불과했고, 당선자는 8명으로 3.54%에 지나지 않았다.

상대적으로 지방의원의 경우에는 여성후보자 비율이 높다. 이는 제도의 효과가 크다. 지방의원 비례대표의 경우에도 홀수 순번은 여성 공천이 의무화되어 있고, 국회의원 지역구마다 광역의원이나 기초의원 후보 중 1명을 여성으로 추천하도록 하는 여성 의무공천제(군지역 제외)가 도입되어 있다.

그래서 지방의원 중에는 여성 공천비율이 상대적으로 높다. 2018년 지방선거의 경우 광역의원 후보 중에서는 여성 비율이 22.17%(2,183명 중 484명), 기초의원 후보 중에서는 28.99%(6,216명 중 1,802명)였다. 광역지방의원(비례대표 포함) 당선자 중에서는 여성 비율이 19.42%였고(824명 중 160명), 기초지방의원(비례대표 포함) 당선자 중에서는 30.76%(2,926명 중 900명)였다. 이전보다는 올라간 수치이다.

그러나 정작 많은 권한을 갖고 있는 광역지방자치단체장 당선자 중에는 여전히 여성이 전무한 점, 그리고 기초지방자치단체장 당선자 중에서는 여성 비율이 오히려 줄어든 점, 광역지방의원의 여성 비율은 여전히 20%가 안 되는 점을 감안하면, 여성의 정치적 대표성 확보는 여전히 갈 길이 멀다고 할 수 있다.

[표 12] 2018년 지방선거 연령대별 당선자 현황

	30세 미만	30세 이상 40세 미만	40세 이상 50세 미만	50세 이상 60세 미만	60세 이상 70세 미만	70세 이상
광역의원 지역구	1	32	177	375	150	2
광역의원 비례	4	9	22	46	6	0
광역의원 합계	5 (0.61%)	41 (4.98%)	199 (24.15%)	421 (51.09%)	156 (18.93%)	2 (0.24%)
기초의원 지역구	22	144	535	1,315	509	16
기초의원 비례	4	22	86	185	86	2
기초의원 합계	26 (0.89%)	166 (5.67%)	621 (21.22%)	1,500 (51.26%)	595 (20.33%)	18 (0.62%)

청년 대표성이 미약한 것도 국회와 마찬가지이다. 2018년 지방선거의 경우에 당선자의 연령대를 분석해 보면, 20대, 30대 당선자의 비율이 광역의원의 경우에는 5.59%, 기초의원의 경우에는 6.56%에 불과했다. 청년 대표성은 지방의회에서도 상당히 낮은 수준이다.

세계 최악의 광역지방의회 선거

그러면 지방선거제도 개혁 방안을 하나하나 살펴 보자. 우선 광역지방의회(17개 시·도의회) 선거를 어떻게 할지부터 생각해 보자.

선거제도 이전에 자기 지역의 광역지방의원 숫자부터 확인해 보자. 이 숫자는 국회에서 정한다. 우선 국회에서 광역지방의원 지역구 숫자부터 정하고 지역구 숫자의 10%에 해당하는 비례대표를 추가한다. 실제로는 비례대표가 10%를 조금 넘는데, 그 이유는 소수점을 올림하기 때문이다. 가령 부산의 경우에 지역구 숫자가 42개면 비례대표 의석은 그 10%인 4.2가 되는데, 이 숫자를 올림하므로 5가 되는 것이다.

그리고 시·도의 비례대표 최소 의석 숫자를 3으로 규정하고 있다. 지역구의 10%를 계산했을 때, 비례대표 의석이 2석밖에 안 나오는 시·도의 경우에도 최소 의석 숫자인 3석을 비례대표로 하는 것이다. 대전, 광주, 울산이 여기에 해당한다.

[표 13] 시·도별 광역지방의원 의석 숫자

	서울	부산	대구	인천	광주	대전	울산	세종	경기
지역구 의석	100	42	27	33	20	19	19	16	129
비례 의석	10	5	3	4	3	3	3	2	13
합계	110	47	30	37	23	22	22	18	142

	강원	충북	충남	전북	전남	경북	경남	제주	총계
지역구 의석	41	29	38	35	52	54	52	31	737
비례 의석	5	3	4	4	6	6	6	7	87
합계	46	32	42	39	58	60	58	38	824

이렇게 광역지방의원 숫자를 정한 것에 특별한 이유가 있는 것은 아니다. 광역지방의원 지역구 숫자는 대도시에서는 국회 의원 지역구 1개를 쪼개서 2개의 광역지방의원 지역구를 만드는 경우도 많다. 그러나 국회의원은 국회의원이고 지방의원은 지방의원이다. 굳이 국회의원 선거구 1개를 쪼개서 지방의원 선거구 2개를 만들 이유가 없다. 광역지방의원이 국회의원 시 중 드는 역할을 하는 것도 아닌데 말이다.

영국의 런던시의회의 경우에는 시의원 1명을 뽑는 선거구가 국회의원을 뽑는 선거구보다 더 넓다. 런던시의원 숫자는 25명 인데, 런던에서 뽑는 국회의원(하원의원) 숫자는 73명이다. 대략 국회의원 3명을 뽑는 선거구를 합쳐서 런던시의원 한 명을 뽑는 것이다. 우리에게 이상하게 보일 수 있지만, 이렇게 해도 전혀 문제가 없다. 하는 역할이 다르기 때문이다.

어쨌든 이렇게 광역지방의원을 뽑는데, 문제는 1장에서도 언급한 것처럼, 정당이 얻은 득표율과 의석비율 간에 심각한 차이가 발생한다는 것이다. 90%의 광역지방의원을 뽑는 방식이 지역구 소선거구제이기 때문에 발생하는 현상이다. 1장에서 서울시의회의 사례를 언급했지만, 비수도권도 마찬가지이다.

그리고 널뛰기 지방의회가 된다. 어떤 시기에는 A당 공천만 받으면 당선되고, 4년 후에는 B당 공천만 받으면 당선되는 식

[표 14] 2014년 지방선거 부산시의회 선거 결과

정당	광역비례대표 정당득표율	의석 수	의석 점유율
새누리당	58.14%	45석	95.74%
새정치민주연합	32.85%	2석	4.26%
통합진보당	4.02%	—	—
정의당	2.86%	—	—
노동당	1.29%	—	—
녹색당	0.84%	—	—
합계		47석	100%

이다. '어쩌다 공무원(어공)'만 있는 것이 아니라, '어쩌다 의원(어의)'이 숱하게 생겨난다.

예를 들어 2014년 부산시의회 선거에서 새누리당은 58.14%의 정당득표율을 얻었다. 그런데 지역구 42군데를 싹쓸이했다. 50% 이상의 정당득표를 할 정도면, 지역구 후보들도 그 정도의 표를 얻었을 것인데, 그러면 전 지역구에서 승리할 수 있는 것이다. 32.85%를 얻은 새정치민주연합은 지역구에서는 전부 낙

[표 15] 2018년 지방선거 부산시의회 선거 결과

정 당	광역비례대표 정당득표율	의석 수	의석 점유율
더불어민주당	48.81%	41석	87.23%
자유한국당	36.73%	6석	12.77%
바른미래당	6.73%	—	—
민주평화당	0.43%	—	—
정의당	5.44%	—	—
합계		47석	

선하고 비례대표 2석만을 얻었다. 47석의 부산시의회의 95%
이상이 새누리당으로 채워진 것이다. 이런 상태면 일당독재라
고 불러도 지나치지 않다. 부산시장도 새누리당, 시의원 95%
이상이 새누리당이면 일당독재가 아니고 무엇인가?

사실 부산시의회는 그 이전에도 새누리당이 압도적인 의석
을 차지해 왔다. 2010년 지방선거에서도 한나라당(새누리당의
전신)이 47석 중 40석을 차지했었다.

그런데 2018년 지방선거에서는 역전이 일어났다. 그동안 부산지역에서 사실상 일당독재를 해 왔던 자유한국당(새누리당의 후신)이 36.73%의 득표를 해서 정당득표 2등을 하고 더불어민주당이 48.81%의 득표를 한 것이다. 그 결과 더불어민주당이 지역구 의석 42곳 중에서 38곳을 차지하게 되었다. 결국 더불어민주당은 48.81%의 지지율로 전체 부산시의회 의석의 87.23%에 해당하는 41석을 차지하게 된 것이다.

이런 현상이 부산에서만 벌어진 것은 아니다. 2018년 지방선거의 경우에는 그동안 자유한국당 측이 3분의 2 이상 의석을 차지해 왔던 경남, 충남, 강원, 울산 등지에서도 역전이 일어났다.

이렇게 특정 의회 의석의 3분의 2 이상을 특정 정당이 독차지하면 정상적인 의회정치란 불가능하다. 지방자치단체장 측 정당이 3분의 2 이상 차지한 지방의회는 지방자치단체장의 거수기 역할을 하는 데 불과하게 된다.

게다가 대구, 경북과 광주, 전남, 전북의 경우에는 지방자치 부활 이후에 특정 정당의 일당지배가 30년 이상 계속되고 있다. 지금의 선거제도가 유지된다면 50년이 지나도 일당독재는 변하지 않을 것이다.

또한 유권자 입장에서 보더라도 표심의 왜곡현상이 심각

[표 16] 2018년 지방선거 광역지방의원 정당별 분포

지역	더불어 민주당	자유 한국당	바른 미래당	민주 평화당	정의당	무소속	합계
서울	102	6	1		1		110
인천	34	2			1		37
경기	135	4	1		2		142
강원	35	11	1				46
대전	21	1					22
세종	17	1					18
충남	33	8			1		42
충북	28	4					32
광주	22				1		23
전남	54			2	2		58
전북	36			1	1	1	39
부산	41	6					47
대구	5	25					30
울산	17	5					22
경남	34	21			1	2	58
경북	9	41	1			9	60
제주	29	2	2		1	4	38
합계	652	137	5	3	11	16	824

하다. 지방선거 때마다 유권자들이 던지는 한 표의 가치가 심하면 10배, 20배 이상 차이가 나는 현상이 일어나게 된다. 5% 이상을 득표해도 소수정당은 아예 의석을 차지하지 못하는 경우들이 발생한다. 이렇게 정당이 얻은 득표율과 의석비율의 차이가 벌어지는 것을 불비례성이라고 하는데, 대한민국 광역지방의회 선거의 불비례성은 세계 최악이다.

광역의회도 개방명부 비례대표제로

이런 현상을 방지하기 위해서는 광역지방의회도 비례대표제로 선거제도를 바꾸는 수밖에 없다. 그래서 시민사회는 2018년 지방선거 전에 광역지방의회부터 '연동형 비례대표제'를 도입하자고 제안했다. 그러나 국회 논의과정에서 자유한국당의 반대로 좌절되었다. 그런데 역설적이게도 2018년 지방선거에서 자유한국당은 소선거구제 중심의 선거제도로 인해 대구, 경북지역을 제외하고는 정당득표율에 비해 현저하게 낮은 의석을 얻었다. 지금이라도 보수가 정신 차려야 하는 이유이다.

　물론 2022년 지방선거 때는 양상이 바뀔 수도 있다. 2018년 지방선거에서 더불어민주당이 부산, 울산, 경남도의회에서 다수정당을 차지했는데, 그것이 유지된다는 보장은 전혀 없다. 따라서 거대양당 입장에서도 지방의회를 상대방이 싹쓸이하는 리스크를 줄이기 위해서는 광역지방의회 선거제도를 비례대표제로 바꾸는 것이 합리적이다. 그리고 소수정당 입장에서도 당연히 광역지방의회 선거제도가 비례대표제로 바뀌어야 한다. 그래야 소수정당이 지방의회에서부터 교두보를 확보하고 정치적으로 발전해 나갈 수 있다.

그러면 구체적으로 광역지방의회 선거제도는 어떻게 바꿔야 할까? 국회의원 선거제도와 마찬가지로 두 가지 선택지가 있다.

첫째는 '연동형 비례대표제'로 바꾸는 것이다. 그러나 국회와 똑같은 난점이 있다. 지금 광역지방의회 의석의 90% 가까이가 지역구 의석이고 비례대표 의석은 10% 정도에 불과한 실정이다. 이 정도 비례대표 의석으로 연동형을 제대로 하기는 어렵다. 그렇다면 전체 의석을 늘리든지 지역구 의석을 대폭 줄여야 한다. 의석을 늘리는 것에 대해서는 당연히 여론이 부정적일 것이다. 지역구 의석을 대폭 줄이려면, 시의원 선거구를 국회의원 선거구 규모로 줄여야 한다. 불가능한 일은 아니지만, 현역 국회의원들이 싫어할 것이다. 시·도의원이 자신의 잠재적 경쟁자가 된다고 생각할 수도 있고, 시·도의원을 자신의 부하 다루

듯 해 왔는데 앞으로 그렇게 하기 어렵게 된다고 생각할 수도 있다.

둘째는 개방명부제도를 도입하는 것이다. 정당득표율대로 각 정당에 의석을 배분하는 것으로 하고, 각 정당은 권역별로 (의원 숫자가 20명 안팎인 경우는 권역을 나누지 않아도 될 것이다) 광역지방의원(시·도의원) 비례대표 후보를 내는 것이다. 그리고 권역별로 하는 경우에는 일정 숫자를 보정의석으로 둬서 전체 득표율과 의석비율을 맞추는 것이다. 물론 권역별로 하지 않는 경우에는 보정의석이 필요 없다. 광역지방자치단체 전체를 놓고 정당득표율에 따라 의석을 배분하기 때문이다.

그리고 개방명부제를 도입해서 유권자들이 정당도 고르고 후보도 고를 수 있도록 하면 된다. 서울의 예를 들어서 제도를 설계하면 아래와 같다.

우선 앞에서 서울을 5개 권역으로 나눠서 국회의원 선거구를 정하자는 제안을 했는데, 마찬가지로 서울을 5개 권역으로 나눠서 광역지방의원 선거구를 정하면 된다. 그리고 각 권역별로 정당들이 후보자 명부를 내면, 유권자들이 정당도 고르고 후보도 고르는 방식으로 투표를 하면 된다.

이런 방식을 택하면, 서울, 경기의 경우에는 광역지방의원 숫자를 줄여도 된다. 서울은 지금 지역구에서 100명의 시의원을 뽑는데, 앞에서도 언급한 것처럼 국회의원 선거구를 2개로 쪼개서 2명의 시의원을 뽑다 보니까 의원 숫자가 늘어난 것이다. 권역별로 비례대표제를 하면 의원 숫자를 대폭 줄여도 된다. 최소한 4분의 1이나 3분의 1 정도는 줄여도 된다.

광역지방의원 숫자가 20명 이하인 지역의 경우에는 굳이 권역을 나누지 않아도 될 것이다. 가령 광주시의원이 20명이면, 광주광역시 전체를 하나의 단위로 해서 20명을 뽑으면 되는 것이다.

지방분권 정신을 실현하려면, 권역을 어떻게 나눌지는 국회가 정하지 말고 각 광역지방자치단체가 조례로 정하도록 하면 된다. 지금은 국회가 광역지방의원 선거구까지 일일이 정하고 있는데, 그것이야말로 지방분권에 역행하는 것이다.

지방자치단체장 선거는 결선투표 또는 보완투표제로

지방자치단체장 선거에서는 결선투표제 도입이 필요하다. 지금은 득표를 몇 % 했는지에 관계 없이 1등만 하면 당선되는 방식이다. 대통령, 지방자치단체장, 모두 이렇게 뽑는다. 그런데 이렇게 하면 사표가 다수 발생하고, 30%도 안 되는 득표로 당선되는 사례가 나올 수도 있다. 그런데 대통령이나 지방자치단체장의 권력은 막강하니, 낮은 득표율로 당선된 대통령이나 지방자치단체장의 민주적 정당성에 대한 의문이 제기될 수 있다.

실제로 최근 기초지방자치단체장 선거에서는 후보가 난립하여 20%대의 득표율로 당선된 사례도 나오고 있다. 예를 들어, 2018년 경북 상주시장 선거에서는 6명의 후보가 출마해서 25.65%를 얻은 자유한국당 후보가 당선됐다. 투표한 유권자 중 4분의 3 가까이는 다른 후보를 찍었는데, 불과 4분의 1의 지지로 당선된 셈이다. 이런 사례들이 여러 곳에서 나오고 있다.

낮은 득표율로 당선되어 막강한 권한을 행사할 수 있는 문제를 해결하려면, 지방자치단체장 선거에서부터 결선투표제도를 도입할 필요가 있다. 결선투표제란, 유효투표의 과반수 이상을 득표한 후보가 없을 경우에 1위와 2위 후보만 놓고 다시 한번 투표하는 제도를 말한다. 대통령의 경우에도 결선투표제를 도입해야 하지만, 개헌이 필요한 사항이라는 주장이 있으므로 일단 지방자치단체장 선거부터 결선투표제를 도입하자는 것이다.

결선투표제에 대한 반대 논리도 있다. 그중 하나는, 투표를 두 번 해야 할 수 있으니 선거비용이 늘어난다는 것이다. 그러나 만약 두 차례에 걸쳐서 투표를 하는 것이 부담된다면, 한 번에 결선투표의 효과를 얻는 방식도 찾아볼 수 있다. 영국의 런던시장 선거는 결선투표제와 유사하지만, 1차 투표와 2차 투표를 한 번에 치르는 방식으로 한다. 보완투표제(Supplementary Vote)라고 하는 방식이다. 이것은 2000년에 도입한 새로운 제도이다.

보완투표제에서는 유권자가 한 장의 투표용지에서 제1 선호와 제2 선호를 표시하는 방식으로 투표를 한다. 아래 그림의 런던시장 투표용지를 보면 기표를 하는 칸이 2줄로 되어 있는 것을 볼 수 있다. 왼쪽 줄에서는 자신이 첫 번째로 선호하는 후보를 골라서 표시를 하면 된다. 그리고 오른쪽 줄에서는 자신이 두 번째로 선호하는 후보를 골라서 표시를 하면 된다. 아래 그림의 투표용지에서는 유권자가 제1 순위로 선호하는 후보가 2번 후보였고, 제2 순위로 선호하는 후보가 10번 후보였다. 만약 유권자가 오로지 제1 순위로 선호하는 후보만 있고 두 번째로 선호하는 후보가 없다면, 왼쪽 줄에만 표시를 하고 오른쪽 줄에는 표시를 안 해도 된다.

개표를 할 때는 각 후보들이 왼쪽 줄에서 받은 표(제1 선호로 표시된 표)를 먼저 계산한다. 그래서 과반수를 얻은 후보가 있으면 그 후보가 당선된다. 그런데 만약 과반수를 획득한 후보가 없다면, 1, 2위 후보만 남겨 두고 나머지 후보들은 탈락된다고

[그림 3] 영국 런던시장 투표용지

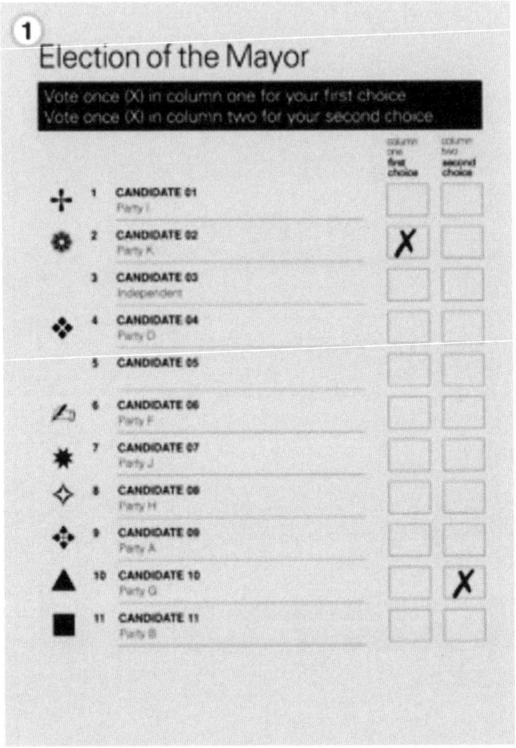

* 출처 : http://news.bbc.co.uk/2/hi/uk_news/politics/7361616.stm

생각하면 된다. 그리고 탈락된 후보들이 1순위 선호표를 받은 표는 같은 투표용지에서 2순위로 표시된 후보에게 이양되는 것이다. 가령 옆 그림에서 유권자가 제1 순위로 찍은 2번 후보가 1, 2등 안에 들지 못했다면, 2번 후보는 탈락되고 2순위로 찍은 10번 후보에게 1표가 더해지는 것이다.

이렇게 하면 별도로 2차 투표를 할 필요가 없고, 1차 투표와 2차 투표를 한꺼번에 실시하는 것과 동일한 효과를 낳는다. 이와 같은 투표방식을 도입하는 것도 검토할 필요가 있다.

실제로 2016년에 치러진 런던시장 선거에서 1순위 득표만으로는 과반수를 차지한 후보가 없는 경우가 발생했다. 1순위 득표에서 1위를 한 노동당의 사디크 칸 후보가 44.2%를 득표하는 데 그쳤기 때문이다. 그래서 1순위 득표에서 1위와 2위를 한 후보만 남기고, 3위 이하 후보들은 탈락됐다. 그리고 3위 이하 후보들이 1순위 표를 받은 투표용지에서, 1위와 2위 후보가 2순위 득표를 한 표들까지 계산을 했다. 그 결과 노동당의 사디크 칸 후보가 56.8%를 얻어서 당선됐다.

[표 17] 2016년 런던시장 선거 결과

정당	시장 후보	1순위 득표	2순위 득표	합계
노동당	사디크 칸 (Sadiq Khan)	1,148,716 (44.2%)	161,427	1,310,143 (56.8%)
보수당	잭 골드스미스 (Zac Goldsmith)	909,755 (35.0%)	84,859	994,614 (43.2%)
녹색당	시안베리 (Siân Berry)	150,673 (5.8%)	—	
자유민주당	캐롤라인 피전 (Caroline Pidgeon)	120,005 (4.6%)	—	
영국독립당	피터 휘틀 (Peter Whittle)	94,373 (3.6%)	—	
그 외 정당 및 무소속 후보 득표 합계		173,439 (6.7%)	—	
		2,596,961		

이런 보완투표제는 유권자 입장에서 보면 장점이 있다. 유권자가 1순위 투표는 최선에 던지고 2순위 투표는 차선에 던질 수 있기 때문이다. 그래서 소수정당 후보를 지지하는 유권자라

면, 1순위 투표는 소수정당 후보에게 소신껏 던지고, 2순위 투표는 현실적인 당선가능성을 보고 던질 수 있다. 가령 녹색당을 지지하는 유권자라면, 1순위 투표는 녹색당 후보에게 던지고, 2순위 투표는 당선가능성을 고려해서 노동당 후보에게 던질 수 있는 것이다.

어쨌든 결선투표제든 보완투표제든 도입은 필요하다. 만약 기초지방자치단체장까지 한꺼번에 실시하는 것이 부담된다면, 광역지방자치단체장 선거부터 먼저 도입하는 것을 검토해 볼 필요가 있다.

기초지방의회 선거의 문제점

한국의 기초지방의회(시·군·자치구의회) 선거제도는 2006년에 크게 바뀌었다. 그 전까지는 1개 지역선거구에서 1명을 뽑는 다수대표제(소선거구제)였다. 그러다가 2006년에 1개 지역선거구에서 2~4명을 뽑는 중선거구제 방식으로 바뀌었다. 그리고 전체 의원 숫자의 10%는 비례대표 의원으로 했다(소수점은 올림). 그 전까지는 정당에서 기초지방의원을 공천하지 않았는데, 2006년부터 정당이 기초지방의원까지 공천하는 것으로 선거법을 바꾸면서 이렇게 정한 것이다.

문제는 1개 지역선거구에서 2명을 뽑느냐, 3명을 뽑느냐, 4명을 뽑느냐에 따라 선거의 결과가 많이 달라진다는 데 있다. 만약 1개 지역선거구에서 2명을 뽑으면 거대양당이 1자리씩 나눠 가지거나, 영·호남에서는 한 거대정당이 2자리를 모두 차지하는 현상이 발생한다. 소수정당은 아예 끼지를 못한다. 3명을 뽑는 선거구에서도 거대양당이 모두 차지하는 경우가 대부분이다. 한쪽이 1명, 다른 쪽이 2명을 차지하는 것이다. 소수정당 후보가 10% 정도 지지를 받아도 4등 이하가 되기 때문에 들어갈 수가 없다. 4명 정도를 뽑아야 소수정당 후보도 들어가기 쉬운데, 거대양당은 어떻게든 4인 선거구를 안 만들려고 한다. 그래서 기초지방의회조차도 거대양당이 장악하게 된다.

그러나 어느 지역의 기초지방의원 숫자가 20명이라면, 10%의 정당지지를 받는 정당에서 2명은 들어가는 것이 공정하고 상식적인 것이다. 만약 20명을 전부 거대양당이 차지한다면, 지방의회조차도 거대양당 중심의 정치가 벌어지게 된다. 그리고 지역의 기득권 세력들이 거대양당의 공천을 받아 기초지방의회를 차지하게 되면, 사회·경제적 약자들이나 다양한 가치를 주장하는 목소리는 기초지방의회에서도 철저하게 봉쇄당하게 된다.

현재 기초지방의원 선거구 획정은 최종적으로 거대양당이 장악하고 있는 광역지방의회(시·도의회)에서 이뤄진다. 선거 때마다 선거구획정위원회가 만들어지지만, 선거구획정위원회에서 4인 선거구를 만들어도 시·도의회에서 없애버리면 그만이다. 2018년 지방선거의 경우에도 시·도별로 설치된 선거구획정위원회에서는 4인 선거구를 꽤 많이 만들었으나, 마지막 단계인 시·도의회에서 조례로 확정하는 과정에서 4인 선거구를 쪼개서 2인 선거구로 만드는 일이 전국적으로 벌어졌다.

　예를 들어 서울시의 경우에는 2018년 지방선거를 앞두고 구성된 선거구획정위원회가 2인 선거구를 통합하여 4인 선거구를 35개 이상 만드는 획정안을 제시했다가 기득권을 가진 정당들의 반대에 부딪혔다. 그 결과 4인 선거구가 7개로 줄어들었다. 그리고 서울시의회에서는 그마저도 없애버렸다. 7개의 4인 선거구를 14개의 2인 선거구로 쪼개는 수정안을 통과시킨 것이다. 그래서 2018년 지방선거 당시에 서울에서는 구의원을 뽑을 때 4인 선거구는 하나도 없게 되었다.

　다른 지역도 마찬가지였다. 2018년 지방선거에서 전국적으로 2인 선거구는 592개에 달한 반면, 3인 선거구는 415개였고, 4인 선거구는 28개에 불과했다.

[표 18] 2018년 지방선거에서 기초의원 선거구 획정 결과

시·도	선거구 수 (지역구)			
	소계	2인	3인	4인
총 계	1,035	592	415	28
서 울	161	114	47	—
부 산	67	44	23	—
대 구	44	30	14	—
인 천	42	24	18	—
광 주	20	3	15	2
대 전	21	9	12	—
울 산	19	14	5	—
경 기	158	84	74	—
강 원	53	15	36	2
충 북	46	24	20	2
충 남	55	25	25	5
전 북	69	36	32	1
전 남	79	37	31	11
경 북	105	69	35	1
경 남	96	64	28	4

그 결과 2018년에 치러진 지방선거에서도 전체 지역구 기초지방의원 당선자 2,541명 중에서 더불어민주당이 1,400명, 자유한국당이 876명으로 두 거대정당 당선자들이 89.6%를 차지했다. 소수정당 소속 지역구 당선자는 바른미래당 19명, 민주평화당 46명, 정의당 17명, 민중당 11명으로 다 합쳐서 93명에 불과했다. 무소속 172명이 당선됐지만, 무소속의 경우에는 거대양당과 정치적 성향이 비슷한 경우들이 많으므로, 정치 다양성 측면에서는 큰 의미가 없다.

따라서 대한민국은 풀뿌리정치라고 할 수 있는 기초지방의회조차도 거대양당이 90% 이상을 차지하는 매우 획일적인 의회라고 할 수 있다.

기초지방의회도 개방명부 비례대표제로

따라서 기초지방의회 선거제도도 바꿔야 한다. 방식은 국회, 광역지방의회와 맞춰서 1인 1표 개방명부 비례대표제로 하는 것이다.

현재 하고 있는, 1개 선거구에서 2~4인을 뽑는 방식은 흔히 중선거구제라고 불린다. 그러나 이론적으로는 단기비이양제

[표 19] 2018년 기초의원 당선자 정당별 분포

지역	더불어 민주당	자유 한국당	바른 미래당	민주 평화당	정의당	민중당	무소속	합계
서울	249	157	9		5		3	423
인천	71	46					1	118
경기	289	144	4		5	2	2	446
강원	93	63	1				12	169
대전	38	25						63
충남	98	66	1				6	171
충북	86	43			1		2	132
광주	55			9	1	3		68
전남	178			26	3	4	32	243
전북	147		2	14	6		28	197
부산	103	78					1	182
대구	50	62	2		1		1	116
울산	27	21				1	1	50
경남	104	133			3	1	23	264
경북	50	171	2		1		60	284
합계	1,638	1,009	21	49	26	11	172	2,926

(single non-transferable vote: SNTV)로 불리는 제도이다. 이름도 복잡한데, 세계적으로는 그다지 활용되지 않는 선거방식이다.

일본에서 1948년부터 1994년까지 국회의원 선거제도에서 사용되었고, 대한민국의 경우에 과거 박정희, 전두환 전 대통령 시절에 국회의원 선거에서 사용된 적이 있는 정도이다(당시에는 1개 선거구에서 국회의원 2인을 선출했었다). 현재 이 방식을 택하고 있는 국가는 아프가니스탄, 요르단, 핏케언 제도, 바누아트 정도이다.* 모두 정치 선진국이라고 할 수 없는 나라들이다.

이 방식의 선거제도가 별로 선호되지 않는 이유는 비례성, 정치 다양성을 확보하는 데 크게 도움이 되지 않기 때문이다. 앞서 언급한 것처럼, 2명을 뽑으면 거대양당이 나눠 갖고, 3명을 뽑아도 거대양당이 나눠 가지는 경우가 대부분이기 때문이다. 이 제도가 효과가 있으려면, 1개 선거구에서 4명을 뽑아야 하는데, 그런 방식의 선거를 하는 사례는 세계적으로 별로 없다.

그리고 지금의 선거방식에서는 거대양당으로부터 공천을 잘 받으면 무조건 기초지방의원이 되는 구조이다. 가령 서울의 2인 선거구라면 더불어민주당과 미래통합당이 1석씩 나눠 가

---

* 데이비드 파렐 지음,『선거제도의 이해』, 전용주 옮김, 한울, 2017, 70쪽 참조.

지는 경우가 대부분이다. 거대양당의 공천만 받으면 당선될 확률이 높은 것이다. 만약 거대양당이 2인 선거구에서 1명씩만 공천을 하면, 무조건 당선되는 구조이다.

이렇게 되면 공천권자인 국회의원이나 당협위원장이 기초지방의원을 지명하는 꼴이 된다. 선거는 형식적인 절차로 전락하는 것이다. 그리고 기초지방의원이 유권자의 눈치를 보는 것이 아니라 공천권자의 눈치를 보며 공천권자의 '비서' 역할을 하게 되는 것이다.

그래서 기초지방의회 선거제도도 1인 1표 개방명부 비례대표제로 바꾸는 것이 바람직하다. 방법은 간단하다. 의원 숫자가 적으므로 기초지방자치단체 전체를 구역으로 해서 개방명부 비례대표제를 하면 된다.

가령 현재 기초지방의회의 최소 의원 정수는 7명이다. 이런 지역의 경우에는 기초지방자치단체 전체를 구역으로 해서 개방명부 비례대표제를 하면 되는 것이다.

인구가 적은 기초지역에서는 지역의 유권자들이 기초지방의원 후보자에 대해 정보를 입수하기도 쉽고 나름 대로 평가를 하기도 쉽다. 따라서 각 정당이 비례대표 명단을 내고, 그 명단을 보고 유권자들이 정당도 고르고 후보까지 고르는 것이 어렵지 않다. 그리고 각 정당의 정당지지율에 따라 의석을 배분한 후에, 그 정당에서 가장 많은 유권자의 선택을 받은 후보 순서대로 기초지방의원에 당선되는 것으로 하면 된다.

그런데 몇몇 기초지방자치단체들은 기초지방의원 정수가 30명을 넘는다. 경남 창원시가 44명의 시의원을 두도록 되어 있어서 가장 많고, 경기도에 있는 수원시(37명), 성남시(35명), 고양시(33명), 충북 청주시(39명), 전북 전주시(34명) 같은 도시들이다. 경기도 용인시의 경우에도 시의원 숫자가 29명이다. 이런 도시들의 경우에는 구역을 쪼개서 권역별로 개방명부 비례대표제를 할 수도 있다.

이렇게 큰 도시들의 경우에는 내부에 행정구가 있기 때문에, 행정구 단위로 해도 된다. 가령 창원시의 경우에는 의창구, 성산구, 마산회원구, 마산합포구, 진해구의 5개 행정구가 있다. 행정구는 자치권이 없으므로 기초지방자치단체는 아니다. 그러나 이런 행정구를 선거구로 지정할 수는 있다. 행정구별로 개방명부 비례대표제를 하고, 일정 숫자는 보정의석으로 남겨 놓으면 되는 것이다.

기초지방선거에서도 개방명부 비례대표제를 도입하면 대구·경북지역에서도 미래통합당이 아닌 기초지방의원들이 상당 숫자 탄생하게 될 것이다. 전북과 광주, 전남의 경우에는 보수정당의 기초지방의원이 탄생할 것이다. 그리고 다양한 소수정당들도 기초지방의회에 의석을 확보할 수 있을 것이다.

그리고 지방분권의 정신을 실현하려면, 기초지방의원 숫자나 권역을 나누는 문제는 각 기초지방자치단체에서 조례로 정하도록 해야 할 것이다. 물론 법률에 일정한 기준을 둘 수는 있을 것이다. 가령 기초지방의원 총수가 20명 이상일 경우에는 권역을 나눌 수 있도록 하고, 일정 의석은 보정의석으로 한다든지 하는 기준을 제시할 수는 있을 것이다. 그러나 최종적인 판단은 기초지방자치단체 스스로 하도록 하는 것이 지방분권의 정신에 맞을 것이다.

여성 과반수 공천제와 봉쇄조항, 청년 공천 보조금 등

광역지방의회든 기초지방의회든 각 정당의 후보공천 시에 여성 후보가 50% 이상 되도록 보장하는 것은 필요하다. 그렇게 해도 돈, 인맥, 네트워크 등의 측면에서 남성 후보가 유리할 수 있다. 따라서 공천에서 여성 과반수 공천을 보장하는 것은 반드시 필요하다.

그리고 지방의회의 경우에 인위적인 봉쇄조항은 두지 않는 것이 바람직하다. 의원 정수가 적은 지방자치단체들이 많기 때문이기도 하고, 지방자치에서는 정치 다양성이 더욱 보장될 필요가 있기 때문이다. 국회의원(하원의원) 선거에서는 5%의 봉쇄조항을 두고 있는 독일의 경우에도 지방선거에서는 인위적인 봉쇄조항을 두지 않는 경우가 대부분이다.

그리고 청년들을 많이 공천하는 정당에 대해서는 인센티브를 주는 것도 검토해야 한다. 지금 여성 추천 보조금이나 장애인 추천 보조금이 있는 것처럼 청년 추천 보조금을 주는 것도 하나의 방안이 될 수 있다.

지역정당을 인정해야

지방선거제도에서 매우 중요한 문제가 지역정당(local party)을 인정하는 것이다. 그동안 지방선거 때마다 '정당공천제 폐지'가 쟁점이 되어 왔다. 거대정당의 의석독점 현상 때문이기도 하고, 당선된 지방의원들이 공천권자 눈치를 보면서 유권자들의 기대에 못 미치는 의정활동을 해 온 탓이기도 하다.

그렇지만 정당공천을 법으로 금지하는 것은 세계적으로도 사례가 거의 없는 것이다. 정당은 선거 때에 후보를 공천하는 것이 중요한 역할인데, 그 역할을 하지 말라고 하는 것은 설득

력이 약하다.

그리고 정당공천을 완전히 금지할 방법도 마땅하지 않다. 헌법재판소가 "기초의회의원선거 후보자로 하여금 특정 정당으로부터의 지지 또는 추천 받음을 표방할 수 없도록 한 정당표방금지 조항은 정치적 표현의 자유를 과도하게 침해하여 위헌"이라고 판단했었기 때문이다(2003. 1. 30. 2001헌가4). 그러니까 지방의원 후보자가 '내가 어느 정당과 관련 있다'고 표방하는 것을 막을 방법은 없다는 것이다.

따라서 정당공천제 폐지가 아닌 다른 방법이 필요하다. 세계적으로 봤을 때, 거대정당의 의석독점 현상을 막고, 지역정치를 활성화하기 위해 좀 더 보편적으로 인정되는 방식은 1) 제대로 된 비례대표제를 실시하면서 2) 지역정당을 인정하는 것이다. 이것이 유럽의 많은 국가들에서 볼 수 있는 지방선거의 모습이다.

지역정당은 지역주민들이 결성하는 지역 차원의 정치결사체이다. 이런 지역정당은 독일 등 유럽의 여러 국가들은 물론이고, 이웃 일본에도 존재한다.

독일의 경우에는 '유권자단체(Wählervereinigungen 또는 Wählergruppen, 선거인단체라고 번역하기도 함)'라는 이름으로 주민들이 만든 정치적 결사체가 지방선거에서 후보를 낼 수 있게 되어 있다. 그리고 독일의 유권자단체는 실제 선거에서 상당히 많은 당선자들을 배출하고 있다. 2014년 바이에른 주의 지방선거에 서는 아래의 표에서 보는 것처럼, 유권자단체가 기사당, 사민 당 다음으로 많은 당선자를 배출했다. 전체 당선자 5,552명 중 16.88%(937명)의 당선자를 배출한 것이다.

[표 20] 2014년 바이에른 지방선거 결과

정당	지방의원 당선자 숫자
기사당	2,220
사민당	1,097
녹색당	523
자유유권자당	221
유권자단체	937
기타 정당	347
선거연대	207
합계	5,552

* 기타 정당은 자민당(FDP), 생태민주당(ÖDP), 공화당(Rep), 좌파당(Linke), 바이에른당(Bayern), 독일대 안당(AfD), 해적당(Piraten) 등이며, 선거연대는 정당 간 또는 정당과 유권자단체 간 연대를 말한다. 김종 갑, 「독일 지방의회의원 선거제도의 특징 및 2014년 바이에른 지방선거」, 『국회입법조사처 현안보고서』 제236호, 2014, 23쪽에서 인용.

한편 독일의 연방헌법재판소도 유권자단체의 지위를 보장하는 판결들을 내려 왔다. 1985년과 1992년 독일 연방헌법재판소는 "정당만이 유일한 정치집단은 아니며 정당과 경쟁관계에 있는 유권자공동체도 '기회균등의 원칙'에 따라 정당과 동등하게 취급하여야 한다"라고 판단하기도 하였다.*

독일 유권자단체의 이름에는 지역 명칭이 들어가기도 한다. 그 지역에서만 활동하는 정치결사체이기 때문이다. 예를 들어, 독일의 생태도시로 유명한 프라이부르크 시의회에는, '살기좋은 프라이부르크', '청년 프라이부르크' 같은 유권자단체가 의석을 확보하고 있다.

일본의 경우에도 다양한 지역정당(local party)들이 활동하고 있다. 지방자치단체장 중심의 지역정당도 있고(대표적으로는 오사카 지역의 '오사카유신회', 나고야 지역의 '감세일본', 도쿄지역의 '도민퍼스트회'), 생활협동조합이나 시민사회를 기반으로 한 지역정당도 있다.

그러나 대한민국은 이런 형태의 지역정당을 전혀 인정하지 않고 있다. 그에 따라 지역주민들이 자발적으로 정치결사체를

* 지성우, 「독일정당의 재정제도에 관한 연구」, 『토지공법연구』 제37집 제1호, 2007, 485~486쪽. 현재 독일에서는 정당과 아울러 유권자단체에 대하여도 국고 보조를 하고 있다.

만들어서 지방선거에 참여하려 해도 무소속으로 후보등록을 할 수밖에 없는 실정이다. 그러나 이것이야말로 지역정치의 다양성, 자발성을 인정하지 않는 것이다.

지방자치가 제자리를 잡기 위해서는 한국에서도 지역정당을 인정하는 것이 필요하다. 20대 국회에서는 천정배 의원이 지역정당을 인정하는 정당법 개정안을 발의하기도 했으나, 제대로 논의되지 못했다. 당시에 발의된 법안에서는 30명 이상이 모이면 시·도 또는 시·군·구 단위에서의 지역정당을 만들 수 있도록 했다.

지금도 여러 지역에서 지역정당을 인정하자는 요구들이 존재한다. 2022년 지방선거 전에 반드시 지역정당을 제도화하기 위한 노력이 필요하다.

코로나19, 헌법개정과 선거제도 개혁

코로나19 사태로 본 시스템의 중요성

코로나19에 대한 한국정부의 방역대응이 국내외에서 호평을 받았다. 여기에 대해 시스템의 측면에서 성공요인을 찾아볼 필요가 있다. 언론에서는 질병관리본부장인 정은경 개인에 대해 초점을 맞춘 보도들을 하고 있지만, 정은경 본부장이 역할을 할 수 있게 한 시스템을 함께 봐야 한다.

대한민국의 감염병 대응체계가 처음부터 잘 갖춰져 있었던 것은 아니다. 2015년 5월 메르스(중동호흡기증후군) 사태 당시에는 초기대응에 실패하면서 문제가 커졌다. 그 후 이를 교훈 삼아 시스템을 정비했다.

2015년 12월에 정부조직법을 개정해서 질병관리본부를 법률상 조직으로 격상시키고, 본부장을 차관급으로 한 것이 대표적인 조치였다. 그 전까지 질병관리본부는 보건복지부 직제에 따라 설치된 부속기관에 불과했으며, 1급 공무원이 본부장을 맡고 있었다. 그런데 메르스 사태를 교훈 삼아, 감염병 대응 컨트롤타워로서 역할을 할 수 있도록 질병관리본부의 위상을 강화한 것이다. 그래서 정은경 본부장이 역할을 할 수 있는 시스템이 만들어졌다.

사실 위기상황에서 한 국가의 대처역량은 시스템과 리더십에 따라 좌우될 수밖에 없다. 그리고 제대로 된 리더십이 만들어지기 위해서도 필요한 것이 시스템 정비이다. 질병관리본부의 사례는 시스템을 정비하는 것이 얼마나 중요한지를 잘 보여준다.

민주주의 국가에서는 국민 세금으로 운영되는 조직이 제 역할을 해야 국민들의 삶이 안전하고 편안하다. 그러기 위해서는 지금의 국가 시스템이 과연 제대로 작동하고 있는지, 더 나은 시스템을 마련하려면 어떻게 해야 하는지에 대해 논의가 필요하다.

순수 대통령제가 아닌 것의 장점

흔히 대한민국을 대통령제라고 하지만, 순수한 대통령제는 아니다. 1948년 제헌헌법을 만들 때, 처음에는 의회제(내각책임제라고도 하지만, 영어 Parliamentary System을 번역한다면 '의회제'라는 단어가 더 적절하다)를 채택하려고 하다가 이승만 전 대통령의 반대로 뒤늦게 대통령제로 전환했다. 그리고 순수한 대통령제 국가에는 없는 '국무총리'라는 역할이 생겨났다.

그런데 이번 코로나19 사태에서 국무총리의 역할이 컸다. 대구에서 코로나19가 심각한 상황으로 번지자 정세균 총리가 19일 동안 아예 대구에 상주하면서 사태수습에 주력했다. 대통령 원톱 체제라면 불가능한 일이다.

사실 대통령과 총리의 역할분담이 잘 되면, 대통령 단일지도 체제인 순수 대통령제보다 장점이 많을 수 있다. 특히 대한민국처럼 안보·외교·남북관계 문제가 중요한 비중을 차지하고 국가적으로 과제가 산적해 있는 경우에는 대통령과 국무총리가 역할분담을 해서 국가운영을 하는 것이 장점도 많을 수 있다.

그러나 대통령-국무총리가 동등한 위치를 차지할 경우에는 국정운영에 혼선이 초래될 수 있다는 반론도 있다. 그래서 대통령을 중심으로 하고 국무총리는 대통령보다 하위에 있게 하되,

국무총리의 역할을 강화하는 방안을 적극적으로 검토할 필요가 있다.

그 방안으로 제시되고 있는 것이 국무총리를 국회에서 추천하게 하자는 것이다. 지금은 대통령이 국무총리 후보자를 먼저 지명하고 국회의 동의를 받는 순서를 거치는데, 순서를 바꾸자는 것이다. 국회가 먼저 국무총리 후보자를 추천하고, 대통령이 추천된 후보자를 임명하는 것이다. 그렇게 되면 국무총리의 정치적 위상이 지금보다는 강화되고, 헌법에 의해 부여된 실질적인 역할을 할 수 있게 된다. 대표적으로, 장관, 국무위원 임명제청권이 유명무실하게 되어 있는데, 이런 권한을 국무총리가 실질적으로 행사할 수 있게 되는 것이다.

그런데 이렇게 하면, 국무총리와 대통령 간에 갈등이 생기면 어떻게 하느냐는 우려가 있을 수 있다. 그러나 국무총리는 어디까지나 대통령이 임명과 해임을 할 수 있는 자리이므로 크게 걱정할 필요가 없다.

첫째, 국회가 국무총리를 추천하게 하더라도 대통령이 임명을 하지 않고 거부할 수 있는 권한을 가지면 된다. 일부에서는 복수추천을 하게 하자는 얘기를 하는데, 그것은 맞지 않는다. 국무총리는 대통령을 보좌해서 행정부를 총괄하면서 국회와 소통도 해야 하는데, 그런 중요한 자리의 후보자를 복수로 추천

한다는 것은 무책임한 일이다. 국회가 한 사람의 후보자를 단수로 추천하게 하되, 대통령이 거부권을 행사할 수 있게 하면 된다. 그렇게 하면 국회와 대통령 간에 정치적 타협을 강제하는 효과가 있다. 국회 입장에서도 대통령이 계속 거부권을 행사할 후보를 추천할 수도 없고, 대통령도 후보자가 마음에 안 든다고 계속 거부권을 행사해서 국무총리를 공석으로 둘 수 없기 때문이다. 따라서 국회가 총리 후보자를 단수추천하고, 대통령은 여기에 대해 거부권을 행사할 수 있도록 하자.

둘째, 그럼에도 불구하고 국회에서 과반수 이상을 차지한 정당 또는 정당연합이 대통령에 반대하는 입장이어서, 대통령이 받아들일 수 없는 사람을 총리로 계속 추천하면 어떻게 하느냐는 우려도 있을 수 있다. 정말 그런 우려가 있다면, 국회의 총리 추천을 대통령이 2회 거부한 후에는, 지금처럼 대통령이 국무총리 후보자를 지명하고 국회의 동의를 거쳐 임명할 수 있도록 하면 된다.

만약 국회에서 과반수 이상을 차지한 정당 또는 정당연합이 대통령 쪽이면, 이렇게 대통령이 두 번이나 거부권을 행사할 상황은 만들어지지 않을 것이다. 반대로 국회 과반수 정파가 대통령 반대파라고 하더라도 대통령이 2회 거부 후에 국무총리 후보자를 지명할 수 있게 하면 국회 과반수 정파도 정치적 부담 때문에 1회 거부 후에는 대통령이 받아들일 수 있는 후보자를 추천하게 될 가능성이 높다.

총리추천제는 헌법개정의 돌파구

이렇게 총리추천제를 강조하는 이유는, 여기에 대한 합의가 이뤄져야 헌법개정이 가능할 것이기 때문이다. 현재 헌법개정의 최대 쟁점은 권력구조 문제이다. 이것이 바람직하든 아니든, 현실인 것은 분명하다. 2018년 문재인 대통령이 발의한 개헌안이 좌초한 이유도, 2017년 구성된 국회 헌법개정특위가 성과 없이 끝난 이유도 '권력구조에 대한 합의'가 이뤄지지 않았기 때문이다.

그러나 헌법개정을 더이상 미룰 수 없다. 1987년 이후 33년이 지나도록 헌법을 한 줄도 고치지 못하고 있는 상황은 너무 답답하다. 국민발안, 국민소환, 본격적인 배심재판 등 직접참여 민주주의를 확대하고, 지방분권을 실현하기 위해서는 헌법개정이 필요하다. 국민의 기본권을 강화하고, 기후위기와 감염병과 같은 위기에 대처하기 위해서도 헌법부터 손보는 것이 필요하다. 그런데 권력구조에 대한 합의가 안 되어서, 계속 헌법개정이 무산되어서야 되겠는가?

그래도 오랜 논의를 거쳐서 어느 정도 접점이 형성된 것이 바로 '총리추천제'이다. 현재 하고 있는 대통령제의 기본 골격은 유지하되, 총리추천제를 통해서 국무총리가 실질적으로 권한을 행사하는 '책임총리'로서 역할을 할 수 있게 하자는 것이다. 그리고 국회의원 과반수 이상이 추천한 총리가 대통령과 국회 사이를 연결하는 가교 역할도 할 수 있다. 만약 국회에서 어느 한 정당이 과반수를 차지하지 못하는 상황이 벌어질 경우에는 국무총리 추천을 하는 과정에서 대통령 소속 정당을 중심으로 자연스럽게 연립정부나 협치에 관한 논의도 가능해질 것이다. 이 과정에서 여러 정당들이 정책적인 합의를 해 나간다면, 소모적인 정쟁만 일삼고 정책토론이 실종된 한국정치에 새로운 변화를 가져올 수도 있다.

따라서 총리추천제를 중심으로 권력구조에 대한 논의를 하고 합의를 해 나가는 것이 필요하다. 2022년 대선 이전이든 이후든 이 문제를 풀고 헌법개정을 현실로 만들어 가야 한다.

한 번에 만족할 만한 수준의 헌법개정이 안 될 수도 있다. 헌법개정은 국회의원 3분의 2의 찬성이 필요하므로, 한꺼번에 모든 의제를 다 담아내지 못할 수 있는 것이다. 그러나 한 번 헌법개정이 되면, 계속 헌법개정 논의를 이어가면서 순차적으로 헌법을 손보는 것이 얼마든지 가능하다.

헌법개정과 선거제도 개혁의 관계

본래 선거제도는 헌법만큼 중요하다고 한다. 선거제도를 바꾸는 것은 헌법개정까지 필요한 것은 아니고 법률개정으로도 가능하지만, 선거제도가 워낙 중요한 문제이기 때문에 나온 얘기이다.

　그리고 지금 대한민국의 상황은 선거제도 개혁과 헌법개정을 엮어서 논의해야 할 상황이다. 앞서 언급한 총리추천제를 비롯한 권력구조 개편과 선거제도 개혁을 묶어서 논의할 필요가 있다는 말이다.

　그 이유는 새누리당-자유한국당-미래통합당으로 이어지는 흐름에서는 그동안 '권력구조 개편'에 관심이 많았고, 노무현-문재인 대통령으로 대표되는 흐름에서는 '선거제도 개혁'에 관심이 많았기 때문이다. 그래서 양쪽의 관심사를 좁히려고 하다 보면, 결국 헌법개정과 선거제도 개혁을 엮어서 논의할 수밖에 없는 면이 있다.

　그리고 시민사회에서도 헌법개정에 상대적으로 관심이 많은 단체, 전문가들이 있고, 선거제도 개혁을 중시하는 단체, 전문가들이 있는 상황이다.

따라서 토론과 합의를 통해 문제를 풀려면, 헌법개정과 선거제도를 엮어서 논의하는 것이 바람직하다. 논의를 해도 도저히 안 된다면, 상대적으로 통과가 쉬운 선거제도부터 먼저 확정하고, 헌법개정을 이어서 논의, 통과시키는 방법도 있기는 하다. 선거제도는 국회의원 과반수면 통과 가능하고, 헌법개정은 3분의 2의 찬성이 있어야 하기 때문이다.

그러나 가능하면 최대한 논의해서 합의점을 찾는 것이 바람직하다. 그래야 갈등을 줄일 수 있다. 2020년 4·15 총선을 통해 구성된 21대 국회에서는 이 두 가지 국가 시스템 개혁과제를 동시에 논의하거나, 연계해서 논의하는 것이 바람직하다.

빠른 논의가 가능하다면, 2021년 상반기까지 논의해서 선거제도 개혁과 헌법개정안을 국민적 의견수렴을 거쳐 정치권에서 합의해 내고, 하반기에 선거제도 개혁과 헌법개정안을 처리하는 방법이 있을 것이다. 당연히 헌법개정안은 국민투표를 거쳐야 할 것이다. 그래서 2022년 대선을 통해 당선되는 대통령은 새로운 헌법의 적용을 받는 것으로 하면 될 것이다.

만약에 이런 일정이 어렵다면, 2022년 대선 전에 선거법부터 먼저 처리하고, 헌법개정안은 2022년 대선 때에 각 후보자들이 공약으로 내게 해서, 대선 직후에 처리하는 방안도 있을 것이다. 총리추천제 정도를 도입하는 헌법개정은 대통령 임기 중간에 처리되어도 곧바로 시행하는 데 무리가 없을 것이다.

위성정당 없는 진짜 비례대표제를 위하여

개방명부 비례대표제를 제안한다

초판 1쇄 발행 2020년 9월 7일

지은이 하승수
펴낸이 오은지
책임편집 변홍철
편집 이호흔 · 변우빈
표지 디자인 박대성
펴낸곳 도서출판 한티재 | 등록 2010년 4월 12일 제2010-000010호
주소 42087 대구시 수성구 달구벌대로 492길 15
전화 053-743-8368 | 팩스 053-743-8367
전자우편 hantibooks@gmail.com | 블로그 www.hantibooks.com

ⓒ 하승수 2020
ISBN 979-11-90178-34-1 04300
ISBN 978-89-97090-40-2 (세트)

이 도서의 국립중앙도서관 출판예정도서목록(CIP)은 서지정보유통지원시스템
홈페이지(http://seoji.nl.go.kr)와 국가자료공동목록시스템(http://www.nl.go.kr/kolisnet)에
서 이용하실 수 있습니다. (CIP제어번호: CIP2020034887)